ब्राह्मण पुराण

जीवन उपयोगी महत्वपूर्ण सूक्ति एवं सिद्धांत संग्रह तथा -
सनातन संस्कृति में ब्राह्मण देवता क्यों? का बिबरण

लेखक पंडित राजेश कुमार मिश्रा

Copyright © Lekhak Pandit Rajesh Kumar Mishra 2023
All Rights Reserved.

ISBN 979-8-88975-559-3

This book has been published with all efforts taken to make the material error-free after the consent of the author. However, the author and the publisher do not assume and hereby disclaim any liability to any party for any loss, damage, or disruption caused by errors or omissions, whether such errors or omissions result from negligence, accident, or any other cause.

While every effort has been made to avoid any mistake or omission, this publication is being sold on the condition and understanding that neither the author nor the publishers or printers would be liable in any manner to any person by reason of any mistake or omission in this publication or for any action taken or omitted to be taken or advice rendered or accepted on the basis of this work. For any defect in printing or binding the publishers will be liable only to replace the defective copy by another copy of this work then available.

ब्राह्मण पुराण

जीवन उपयोगी महत्वपूर्ण सूक्ति एवं सिद्धांत संग्रह तथा -

सनातन संस्कृति में ब्राह्मण देवता क्यों ? का बिबरण

लेखक पंडित राजेश कुमार मिश्रा

बिषय सूची

ब्राह्मण पुराण किताब की प्रस्तावना तथा संछिप्त बिबरण: लेखक पंडित राजेश कुमार मिश्रा

सर्ब प्रथम सबिनम्र गुरु तथा ईश्वर के श्री चरणों की बंदना कर आप सब से अपनी इस किताब में लिखी किसी भी, तरह की गलती से मैं सभी से पहले ही छमा मांगता हूँ. इस किताब को लिखने से पहले मैंने वेद, पुराण, उपनिषद, शास्त्र, रामायण, गीता, महाभारत, श्री राम, श्री कृष्ण, ऋषि ब्यास, सप्त ऋषियों, श्री परशुराम, तथा अनेक ऋषियों, महत्माओ के ग्रंथो उन की बातो तथा कथनो का अध्ययन कर इस किताब को लिखने का संकल्प मन में जन कल्याण के लिए आया तथा किताब आप सब की सेवा में समर्पित करता हूँ।

ॐ ब्रम्ह देवाय नमः सभी ब्राह्मणो को नमन करके यह बताना चाहता हूँ की हे ब्राह्मणो जागो अपने जन्म का तथा पृथ्वी पर अपने कर्म को इस तरह बनाओ की जगत के लिए कल्याण कारी हो आप का जन्म जगत कल्याण तथा लोगो के कल्याण तथा समस्त जीवो के कल्याण के लिए हुआ है तथा संसार के सभी जीव आत्माओ से भी पार्थना है की ब्राह्मण को जाने यह किताब समस्त संसार के प्रणियो में ब्राह्मणो के प्रति चेतना को जागृत करना है।

कुछ लोग इस पुस्तक को पढ़ कर हमारा (लेखक) का उपहास भी करेंगे ब्राह्मणो का भी उपहास कर सकते है ब्राह्मण को जन्म से नहीं कर्म से होने की स्वीकार्यता रखेंगे पर मैं सभी से हाथ जोड़ कर कहना चाहता हूँ की जैसे गेहू से गेहू, जौ से जौ, गाय से गाय का बच्चा जल से जल और अग्नि से अग्नि पैदा होता है उसी तरह ब्राह्मण के घर ही ब्राह्मण पैदा होता है।

भारत के संविधान के अनुसार आप चाहें पढ़ लिखकर कहीं कुछ भी बन जाए पर भारत के संविधान के अनुसार जन्मना ही रहेगा। भारत का संविधान जाति प्रमाण पत्र जन्म के आधार पर बाँटता है इस नाते ब्राह्मणो का भी जन्म ब्राह्मण के घर

ही होता है इस नाते ब्राह्मण की जिम्मेदारी होती है की ऊंचा आचरण रखे तथा ईश्वर द्वारा प्राप्त कृपा को सफल बनाने का प्रयास करे।

ग्रंथो तथा संतो के अनुसार यह है की 8399999 लाख जन्म तक अच्छे कर्म करने पर मनुष्य का शरीर सूद्र रूप में मिलता है सूद्र होने के बाद चोरी, ब्यभिचार तथा ख़राब कर्म न करे तब बैश्य के रूप में अगला जन्म होता है और बैश्य ईमानदारी से ब्यापार कर्म करे न्याय पूर्बक जीवन जिए ईश्वर की पूजा कर तब छत्री का शरीर पाप्त होता है तथा छत्री धर्म का पालन, जन कल्याण के कार्य करता हुआ ईश्वर और ब्राह्मणो की घोर पूजा करे तब ब्राह्मण का शरीर प्राप्त होता है जो की अत्यंत दुर्लभ है इशलिये ब्राह्मणों की जिम्मेदारी और बढ़ जाती है।

ब्राह्मण गौरव गाथा का बर्णन हम ज्यादा क्या कहे इसका बर्णन श्री भगवन बिष्णु ने स्वयं अपने मुख से कही है

विप्र प्रसादात् धरणी धरोहम्। विप्र प्रसादात कमला वरोहम्।

विप्र प्रसादात् जिताजितोहम्। विप्र प्रसादात् मम नाम रामम्।।

ब्राह्मणों के आशीर्वाद से ही मैंने धरती को धारण कर रखा है अन्यथा इतना भार कोई अन्य पुरुष कैसे उठा सकता है, इन्ही के आशीर्वाद से नारायण हो कर मैंने लक्ष्मी को वरदान में प्राप्त किया है, इन्ही के आशीर्वाद से मैं हर युद्ध भी जीत गया और ब्राह्मणों के आशीर्वाद से ही मेरा नाम "राम" अमर हुआ है, अतः ब्राह्मण सर्व पूज्यनीय है। और ब्राह्मणों का अपमान ही कलियुग में पाप की वृद्धि का मुख्य कारण है।

ब्राह्मण को भूसुर आर्थात पृथ्वी का देवता कहते है अतः ब्राह्मण को भी अपने पद और गौरव की रक्षा के लिए ब्राह्मणोचित कार्य करना चाहिए तथा लोगो को भी प्रेरित करना चाहिए पहले तो मनुष्य का जन्म मिलना दुर्लभ है उसपर ब्राह्मण होना तो और भी दुर्लभ है इस जीवन का बहुमूल्य समय आत्म कल्याण के मार्ग में लगाना ही उचित है उपासना पूजा आत्मबल और संसार में धर्म बृद्धि के कटिबद्ध रहे - मनुषस्य च देहो अयं छुद्र कमाय नेष्यते

अतः में समस्त मनुष्य समुदाय से हाथ जोड़ कर पार्थना करता हूँ की तर्क, बितर्क, कुतर्क त्यागकर जगत कल्याण तथा अपने कल्याण के हित में इस पुस्तक को पढ़कर जीवन में चरतार्थ करे और लाभ उठाये अपना और अपने परिवार, बंश को मोक्छ और कल्याण के मार्ग पर ले जाएँ और अपना उद्धार करे जीवन में सत्कर्मो के साथ ब्राह्मण भक्ति एक सरल और सुगम उपाय है - विप्राणां यत्र पूज्यंते रमन्ते तत्र देवता।

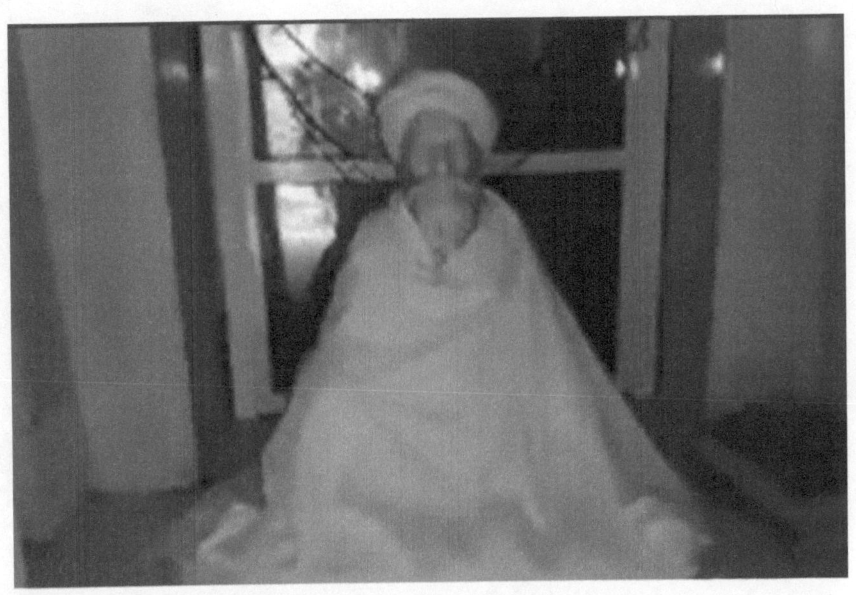

लेखक पंडित राजेश कुमार मिश्रा के गाव् धरौली मुफरिद प्रतापगढ़ के पूज्य
संत श्री झटकू महाराज जो ब्राह्मणो तथा धरौली की जनता को समर्पित
लेखक के प्रेरणा श्रोत

लेखक राजेश कुमार मिश्रा का
संछिप्त जीवन परिचय:

लेखक का परिचय / प्रारंभिक जीवन

राजेश कुमार मिश्रा का जन्म क्वार मास की पूर्णिमा को रात १०.३० बजे के लगभग हुआ था हालाँकि बचपन में होनहार और पढ़ने लिखने में तेज होने की वजह से माता पिता ने उनका दाखिला प्राथमिक बिद्यालय धरौली मुफरिद जिला प्रतापगढ़ उत्तर प्रदेश में करा दिया तदनुसार उनकी जन्मतिथि १७/०७/१९७० है। माता का नाम श्रीमती सरस्वती देवी तथा पिता जी का नाम पंडित जनार्दन प्रसाद मिश्रा है उनके बाबा जी का नाम पंडित सीतला प्रशाद मिश्रा तथा परदादा का नाम पंडित प्रयागदत्त था जो की अयोध्या निवासी पंडित शिवरतन के पुत्र थे।

पंडित शिवरतन धरौली मुफरिद के रियासतदार राजा दिलीप पुर और राजा प्रतापगढ़ की पार्थना पर अयोध्या से धरौली मुफरिद में आकर बस गए जो सिर्फ दूध और फल का ही ही आहार करते थे इसलिए पंडित जी का खान दान दूधा धारी कहलाया और पंडित का पुरवा नाम से बिख्यात है। प्रचलित ग्राम कथा के अनुसार पंडित जी के पुत्र बाबा प्रयागदत्त के पुत्र पंडित महाबीर को बचपन में राजा दिलीपपुर के लगान वसूल करनेवाले हरदोई निवासी ठाकुर झूरी सिंह के दादा ने लगान वसूली पर गए तो पंडित जी जब घर पर नहीं मिले तो ठाकुर पंडित जी के बेटे पंडित महाबीर को लेकर आ गए और कह कर आये की लगान जमा कर अपने बच्चे को ले जाये पूजा सुनाकर लोटे पंडित प्रयाग दत्त जब आपने बेटे को भूखा प्यासा देख कोर्धित हो गए लगान जमाकर ठाकुर से बोले की हम अपना बच्चा लेकर जा रहे है पर आपका बच्चा सुबह नहीं रहेगा का श्राप दे दिया और सुबह होने से पहले ही ठाकुर का पुत्र खत्म हो गया श्राप देने की शक्ति की वजह से खानदान झंझा झारी कहलाया।

पंडित राजेश कुमार मिश्रा का बचपन : लेखक बचपन से ही होनहार तथा अपनी माता के बहुत दुलारे पुत्र थे कहते है की प्रचलित कथोक्ति के अनुसार जब राजेश कुमार की उम्र २ बर्ष के करीब थी तब एकदिन पंडित शिव प्रशाद शास्त्री (बर्तमान प्रधानाचार्य संस्कृत महा बिद्यालय प्रतापगढ़ उत्तर प्रदेश) के बाबा पंडित

महराजदीन जो की १९७० के समय के प्रकांड ज्योतिषचार्य थे घूमते- घूमते लेखक के घर पहुंचे तथा छोटे से अबोध बालक पंडित राजेश कुमार मिश्रा को देखकर उनकी माता से बालक का परिचय पूछा तथा फिर बिचारकर भविस्य बाणी की कि यह बालक कुलदीपक होगा तथा यह अपने बंश कि चौथी पीढ़ी में अवतरित हुआ है जो कि बाबा प्रयागदत्त का अवतार है और कुलदीपक होने के साथ यह परिवार के सभी लोगो कि मदद और ब्राह्मण गौरव तथा कुल का गौरव बढ़ने का कार्य करेगा। समय बीतता गया और ७ बर्ष कि आयु में लेखक को खेत कि रखवाली करते हुए एक शिवरात्रि के दिन बालक को भगवन शिव के दर्शन रंग बिरंगे २ मुँह वाले सांप के रूप में हुए तथा बालक को वही से ईश्वर भक्ति तथा माता पिता तथा ब्राह्मण कि भक्ति करने का ज्ञान प्राप्त हुआ। तभी से भगवान श्रीराम तथा भगवान शिव के प्रति अगाध भक्ति उत्पन्न हो गई तथा १० बर्ष कि आयु में उन्होंने प्राथमिक शिच्छा के साथ रामचरित मानस का पूर्ण अध्ययन किया और मात्र १२ बर्ष कि आयु उन्हें रामचरित मानस इस तरह कण्ठस्त्र हो गया, तथा पिता द्वारा दिए गए धार्मिक ज्ञान के कारण अपने पिता तथा सभी भाई बहन एक तरफ एक साथ होने पर भी उन्हें रामायण कि अन्ताक्छरी में हराना मुश्किल हो जाता था। पिता जी के कथना अनुसार १०० यज्ञ करना बहुत मुश्किल होता है और इंद्र बिघ्न डालते है ये बात जानने कि लेखक कि जिज्ञाषा बनी रही।

सुबह उठकर चिड़ियों को अन्न दान और जलदान कि शिच्छा उन्हें अपने माता जी से मिली जो कि जीवन प्रयन्त जारी है।

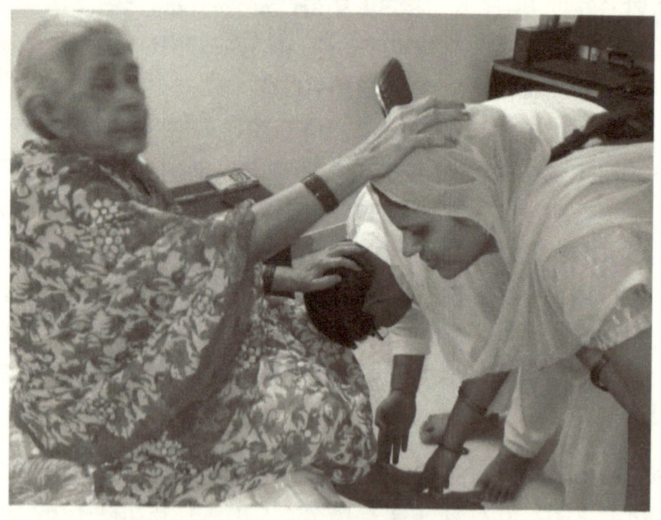

लेखक अपनी पत्नी के साथ अपनी पूज्य माता श्रीमती सरस्वती देवी मिश्रा को प्रणाम कर आशीर्वाद लेते हुए:

धीरे धीरे जीवन के गृहस्त आश्रम में रहते हुए जब ५० कथा २०१० में पूर्ण किया तब दैवी प्रेरणा से कथा में बिघ्न पड़ने लगा और फिर तमाम प्रयास के बावजूद २०१९ तक ७० कथा और यज्ञ हो पाए तब लेखक को अपने पिता द्वारा बताई बिघ्न कि बात चारतार्थ दिखने लगी हांलाकि लेखक १०० यज्ञ के लिए प्रयत्नशील रहे।

लेखक अपने पूज्य पिता पंडित जनार्दन प्रशाद मिश्रा के साथ :

२०१६ में पिता जी के निधन के बाद साल २०२० लेखक के जीवन में दुःख का पहाड़ टूटा जब ९जनवारी २०२० कि सुबह उनकी प्रिय माता जी का निधन हो गया

लेखक के पूज्य माता पिता पंडित जनार्दन प्रशाद मिश्रा और माता श्रीमती सरस्वती देवी:

उनकी याद में रोते बिलखते ३ माह बीत गए फिर १ दिन एक अकस्मिक घटना के कारण सांसारिक जीवन में वापसी हुई हालाँकि उन ३ महीने में लेखक ने माँ शीर्षक नाम से एक किताब की रचना किया तथा जीवन से सम्बंधित बिभिन्न बिषयों पर प्रेरणा दायक बिचारो कि रचना की तथा निरंतर पूजा, दान भगवत चिंतन के लिए सतत प्रयत्नशील रहे पर भगवान कि कथा में लगातार बाधा आती रही।

लेखक की शिच्छा: लेखक पंडित राजेश कुमार मिश्रा की प्राम्भिक शिच्छा प्राथमिक बिद्यालय धरौली मुफरिद से प्रारंभ हुई बचपन से ही मेधावी होने के कारण तत्कालीन अध्यापक श्री शिवराज मौर्या और श्री निरंजन कुमार सिंह ने उन्हें १ बर्ष में ही दूसरी क्लास से प्रमोट करके तीसरी क्लास में प्रमोट कर दिया इसी कारण जन्म तिथि १७/०७/१९७० दर्ज कि गयी. क्लास में लगातार पांचवी क्लास तक मॉनिटर रहने के बाद बी यस उच्चत्तर माध्यमिक बिद्यालय से दसवीं और बृजेन्द्र मणि इंटर कालेज से १२ कि परीछा पास की और लगातार क्लास में मॉनिटर के पद पर बने रहे। स्नातक कि परीछा यम. डी. पी .जी कालेज से अर्थशास्त्र में पास किया उसके बाद में रूचि होने के कारण पी .बी .कालेज प्रतापगढ़ से स्नातकोत्तर कि डिग्री हासिल किया।

प्रचलित कथाओ के अनुसार लेखक राजेश कुमार मिश्रा अपनी सर्विस के दौरान लेखक के जीवन में एक बार ऐसा समय आया की सभी सहकर्मियों का प्रोविडेंट फण्ड मजूर हुआ परन्तु किसी कारण बस पंडित राजेश कुमार का नहीं हुआ और और दूधाधारी झांझझारी खानदानी मन में विकार पैदा हो गया और कोर्धित पंडित राजेश कुमार ने संस्था के चेयरमैन को साप देने का मन बना बना लिया इसकी सूचना फाइनेंस मैनेजर द्वारा संस्था के चेयरमैन को दी गई की। परम बुद्धिमान चेयरमैन ने लेखक राजेश कुमार मिश्रा को बुलाया तथा साप नहीं देने का अनुरोध करते हुए कंपनी के वाईस प्रेसीडेंट को तुरंत पी ऍफ़ करने का निर्देश दिया और लेखक कंपनी के मैनेजर पद पर रहते हुए निरन्तर सेवा किया.

सर्विस तथा ब्यवसाय :कालेज की पढाई के साथ लेखक पंडित राजेश कुमार मिश्रा ने सेवा श्रम शिछा समिति उच्चतर माध्यमिक बिद्यालय बर्तमान में लाल बहादुर उच्चत्तर माध्यमिक बिद्यालय धरौली मुफरिद में अध्यापक के रूप में बच्चो को शिछा देने का कार्य प्रारम्भ किया परन्तु कालेज की पढाई पूरी होने और १८ महीने तक शिछक का कार्य किया तथा इस दौरान १ माह तक परिछक के रूप तैनात रहते हुए स्कूल का प्रतिनिधित्व किया स्कूल प्रिंसिपल तथा प्रबंधक के चहेते बने रहे ११ जून १९९१ को उनकी शादी संभ्रांत परिवार तत्कालीन हिन्दू इण्टर कॉलेजमुंग रा बादशाहपुर जिला जौनपुर के प्रबंधक की सुपत्री अनीता के साथ हो गई।

लेखक पंडित राजेश कुमार मिश्रा के पूज्य ससुर जी पंडित
जयराम त्रिपाठी और सासु माँ

लेखक राजेश कुमार मिश्रा अपनी पत्नी अनीता मिश्रा
और दोनों बच्चो के साथ

पढाई पूरी हो जाने और घर की आर्थिक स्थिति तथा रोजगार के लिए ३/१०/१९९१ को अपने प्यारे गांव और बहुत सारी प्यारी यादो को छोड़कर राष्ट्रीय राजधानी दिल्ली आ गए। हालाँकि जब लेखक ने शिक्षण का कार्य छोड़ नौकरी के लिए शहर जाने की इच्छा जाहिर की तो स्कूल के बच्चे, प्रिंसिपल और स्कूल प्रबंधन ने रोकने की बहुत कोशिश की परन्तु इन तमाम प्रायशो के बावजूद नौकरी तथा ब्यवसाय की तलाश में दिल्ली ४/१०/१९९१ को पहुंच गए हालांकि उनका ध्यान

अपने स्कूल, स्कूल के बच्चों, बिद्यार्थी जीवन के दोस्तों, माता पिता परिवार, गांव तथा जन्मभूमि की गहरी याद में बीतने लगा। जन्म भूमि से लगाव इस कदर था अपने स्कूल, बच्चों, पेड़-पौधो, घर और पडोशी सब की याद में बिभोर होते तथा रोज अश्रु धारा बहने लगती परन्तु रोजी रोटी के चक्कर में दिल्ली के नेहरू प्लेस में अपने रिस्तेदार के यहां रहकर नौकरी की तलाश में लग गए।

सर्विस तथा ब्यवसाय की शुरुआत २४/१०/१९९१ को हुई जब नेहरू प्लेस के जेनेरिक कम्प्यूटर कंपनी में एक नौकरी ८०० प्रति माह की मिली लेकिन अपनी मेहनत और गुणवत्ता पूर्ण कार्यशैली की वजह से पहले माह बेतन में २५% की बृद्धि हुई कालान्तर में बेतन हर माह बढ़ने लगा तथा कंपनी के ओनर श्री डी यन श्रीवास्तव ने राजेश कुमार मिश्रा को सेल्स मैनेजर इंस्टीटूशन बनाते हुए आई आई टी दिल्ली तथा कानपूर की जिम्मेदारी दी उन दिनों कंप्यूटर की बहुत ही महत्ता थी जिसके चलते आई आई टी के प्रबुद्ध प्रोफेशरों से मिलने का सौभाग्य प्राप्त हुआ तथा आई आई टी दिल्ली के हैड डॉ के के बिशवास जैसे लोगो का सहयोग मिला कालांतर में डॉ बिस्वास आई आई टी दिल्ली के हेड बने और लेखक के मित्र बने रहे।सर्विस के साथ साथ बिज़नेस के चीफ एग्जीक्यूटिव तथा इण्टर मीडिएट स्कूल के मैनेजमेंट कमेटी सदस्य (पी-आर) तथा सामाजिक कार्य करते हुए राष्ट्रीय कार्यकारिणी सदस्य के रूप मै भी काम किया तथा सेवा के छेत्र मै अपना योगदान देते रहे.

प्रमुख रचनाएँ: लेखक पंडित राजेश कुमार मिश्रा कि प्रमुख रचनाओ में ब्राह्मण पुराण भक्ति और भगवान, जीवन के सरल सिद्धांत, माँ, प्रेम, कबूतर बाबा, अंतिम प्रेम, प्रेरक पुराण छल और प्रेम, बिरजू अंकल नेकीवाला आदि प्रमुख है

ईश्वर, माता पिता, ब्राह्मण और गुरुजनो की बन्दना -

श्री गणेश वंदना:

गजाननं भूत गणादि सेवितं, कपित्थ जम्बू फल चारू भक्षणम्। उमासुतं शोक विनाशकारकम्, नमामि विष्नेश्वर पाद पंकजम्।।

भगवती सरस्वती की वन्दना:

या कुन्देन्दुतुषारहारधवला या शुभ्रवस्त्रावृता।

या वीणावरदण्डमण्डितकरा या श्वेतपद्मासना॥

या ब्रह्माच्युत शंकरप्रभृतिभिर्देवैः सदा वन्दिता।

सा मां पातु सरस्वती भगवती निःशेषजाड्यापहा॥१॥

अर्थ : जो विद्या की देवी भगवती सरस्वती कुन्द के फूल, चंद्रमा, हिमराशि और मोती के हार की तरह धवल वर्ण की हैं और जो श्वेत वस्त्र धारण करती हैं, जिनके हाथ में वीणा-दण्ड शोभायमान है, जिन्होंने श्वेत कमलों पर आसन ग्रहण किया है तथा ब्रह्मा, विष्णु एवं शंकर आदि देवताओं द्वारा जो सदा पूजित हैं, वही संपूर्ण जड़ता और अज्ञान को दूर कर देने वाली मां सरस्वती हमारी रक्षा करें। ..

शुक्लां ब्रह्मविचार सार परमाम् आद्यां जगद्व्यापिनीम्।

वीणा-पुस्तक-धारिणीमभयदां जाड्यान्धकारापहाम्॥

हस्ते स्फटिकमालिकां विदधतीम् पद्मासने संस्थिताम्।

वन्दे तां परमेश्वरीं भगवतीं बुद्धिप्रदां शारदाम्॥2॥

अर्थ: जिनका रूप श्वेत है, जो ब्रह्मविचार की परम तत्व हैं, जो सब संसार में फैले रही हैं, जो हाथों में वीणा और पुस्तक धारण किये रहती हैं, अभय देती हैं, मूर्खतारूपी अन्धकार को दूर करती हैं, हाथ में स्फटिकमणि की माला लिए रहती हैं, कमल के आसन पर विराजमान होती हैं और बुद्धि देनेवाली हैं, उन आद्या परमेश्वरी भगवती सरस्वती की मैं वन्दना करता हूँ। ..

सरस्वती मंत्र

(1) सरस्वती नमस्तुभ्यं वरदे कामरूपिणी, विद्यारम्भं करिष्यामि सिद्धिर्भवतु में सदा।

हे सबकी कामना पूर्ण करने वाली माता सरस्वती, आपको नमस्कार करता हूँ।

मैं अपनी विद्या ग्रहण करना आरम्भ कर रहा हूँ, मुझे इस कार्य में सिद्धि मिले।

(2) या देवी सर्वभूतेषु विद्यारूपेण संस्थिता नमस्तस्यै नमस्तस्यै नमस्तस्यै नमो नमः॥

प्रभु बन्दना:

त्वमेव माता च पिता त्वमेव,

त्वमेव बन्धुश्च सखा त्वमेव।

त्वमेव विद्या च द्रविणं त्वमेव,

त्वमेव सर्वम् मम देवदेवं॥

अर्थ है- 'हे भगवान! तुम्हीं माता हो, तुम्हीं पिता, तुम्हीं बंधु, तुम्हीं सखा हो। तुम्हीं विद्या हो, तुम्हीं द्रव्य, तुम्हीं सब कुछ हो। तुम ही मेरे देवता हो।'

शिव जी की बन्दना:

कर्पूरगौरं करुणावतारं संसारसारम् भुजगेन्द्रहारम्। सदावसन्तं हृदयारविन्दे भवं भवानीसहितं नमामि ॥

जो कर्पूर जैसे गौर वर्ण वाले हैं, करुणा के अवतार हैं, संसार के सार हैं और भुजंगों का हार धारण करते हैं, वे भगवान शिव माता भवानी सहित मेरे हृदय में सदैव निवास करें और उन्हें मेरा नमन है।

गुरु जी की बन्दना:

लेखक अपनी पत्नी के साथ अपने गुरुसे श्री सत्य नारायण ब्रत कथा सुनते हुए और प्रणाम कर आशीर्वाद लेते हुए:

गुरुर्ब्रह्मा गुरुर्विष्णुः, गुरुर्देवो महेश्वरः। गुरुः साक्षात् परं ब्रह्म, तस्मै श्री गुरवे नमः।।2।।अर्थ- गुरु ब्रह्मा हैं, गुरु विष्णु है, गुरु महेश्वर अर्थात भगवान शंकर है। गुरु ही साक्षात परम ब्रह्म सर्वशक्तिमान है, ऐसे गुरु को मेरा नमस्कार।

मूकं करोति वाचालं, पङ्गुं लङ्घयते गिरिम्।यत्कृपा तमहं वन्दे, परमानन्दमाधवम् ।।3।।

अर्थ- जिसकी कृपा से गूंगे बोलने लगते हैं, जिसकी कृपा से लंगड़े पर्वतों को पार कर लेते हैं। उस परम माधव (ईश्वर) की वन्दना करता हूँ।

नमस्ते शारदे देवि, कश्मीरपुरवासिनि। त्वामहं प्रार्थये नित्यं, विद्यां बुद्धिं च देहि मे।।4।।

अर्थ- हे काश्मीरपुर (पर्वतीय स्थलों) में निवास करने वाली माँ शारदा (सरस्वती) मैं आपकी नित्यप्रति वन्दना करता हूँ, मुझे विद्या और बुद्धि प्रदान कीजिए।

सर्वे भवन्तु सुखिनः, सर्वे सन्तु निरामयाः।सर्वे भद्राणि पश्यन्तु, मा कश्चिद् दुःखभाग् भवेत् ।।5।।

अर्थ- सभी लोग सुखी हों, सभी लोग निरोगी हों। सभी का भला देखें, कोई भी दुःख का भागीदार न हो।

माता पिता जी की बन्दना :

सर्वतीर्थमयी माता सर्वदेवमयः पिता। मातरं पितरं तस्मात् सर्वयत्नेन पूजयेत्।।

माता सर्वतीर्थ मयी और पिता सम्पूर्ण देवताओं का स्वरूप हैं इसलिए सभी प्रकार से यत्नपूर्वक माता-पिता का पूजन करना चाहिए। जो माता-पिता की प्रदक्षिणा करता है, उसके द्वारा सातों द्वीपों से युक्त पृथ्वी की परिक्रमा हो जाती है। माता-पिता अपनी संतान के लिए जो क्लेश सहन करते हैं, उसके बदले पुत्र यदि सौ वर्ष माता-पिता की सेवा करे, तब भी वह इनसे उऋण नहीं हो सकता।

ब्राह्मण के बारे में परिचय और उनके संस्कार:

सर्व प्रथम सबिनम्रृ गुरु तथा ईश्वर के श्री चरणों की बंदना कर आप सब से अपनी इस किताब में लिखी किसी भी, तरह की गलती से हम सभी से पहले ही छमा मांगता हूँ. इस किताब को लिखने से पहले मैंने वेद, पुराण, उपनिषद, शास्त्र, रामायण, गीता, महाभारत, श्री राम, श्री कृष्ण, ऋषि ब्यास, सप्त ऋषियों, श्री परशुराम, तथा अनेक ऋषियों, महत्माओ के ग्रंथो उन की बातो तथा कथनो का अध्ययन कर इस किताब को लिखने का संकल्प मन में जन कल्याण के लिए आया तथा किताब आप सब की सेवा में समर्पित करता हू। ॐ ब्राह्मण देवाय नमः सभी ब्राह्मणो को नमन करके यह बताना चाहता हूँ की हिंदू धर्म में ब्राह्मण देवता तो किसी देवी-देवता से कम नहीं माना जाता। कहने का भाव हैं इन्हें भी देवी-देवताओं की ही तरह पूजनीय माना जाता है।

इसके पीछे का कारण धार्मिक ग्रंथों में बाखूबी किया गया है।शास्त्रों से जानते हैं कि क्यों ब्राह्मण को देवता समान पूजनीय माना जाता है।

स्वर्गो धनं वा धान्यं वा विद्या पुत्राः सुखानि च।ब्राह्मणवृत्यनुरोधेन न किञ्चिदपि दुर्लभम्।।

अर्थ- **ब्राह्मण** की सेवा से स्वर्ग, धन-धान्य, विद्या, पुत्र और सुख कुछ भी दुर्लभ नहीं है।

शास्त्रीयमत-

पृथिव्यांयानीतीर्थानितानीतीर्थानिसागरे

।सागरेसर्वतीर्थानिपादेविप्रस्यदक्षिणे।।

चैत्रमाहात्मयेतीर्थानिदक्षिणेपादेवेदास्तन्मुखमाश्रिताः

।सर्वांगेष्वाश्रितादेवाःपूजितास्तेतदर्चया।।

अव्यक्तरूपिणोविष्णोःस्वरूपंब्राह्मणाभुवि

।नावमान्यानोविरोधाकदाचिच्छुभमिच्छता।।

अर्थात- पृथ्वी में जितने भी तीर्थ हैं वह सभी समुद्र में मिलते हैं और समुद्र में जितने भी तीर्थ हैं वह सभी ब्राह्मण के दक्षिण पैर में है। चार वेद उसके मुख में हैं। अंग में सभी देवता आश्रय करके रहते हैं। इसलिए ऐसी मान्यता है ब्राह्मण की पूजा करने से सब देवों की पूजा होती है। पृथ्वी में ब्राह्मण विष्णु स्वरूप माने गए हैं इसलिए जिसको कल्याण की इच्छा हो उसे कभी ब्राह्मणों का अपमान तथा द्वेष नहीं करना चाहिए।

देवाधीनाजगत्सर्वमन्त्राधीनाश्चदेवता:

।तेमन्त्रा:ब्राह्मणाधीना:तस्माद्ब्राह्मणदेवता।

अर्थात- सारा संसार देवताओं के अधीन है तथा देवता मंत्रों के अधीन हैं और मंत्र ब्राह्मण के अधीन हैं ब्राह्मण को देवता माने जाने का एक प्रमुख कारण ये भी है।

ॐजन्मना ब्राह्मणो, ज्ञेय:संस्कारैर्द्विजउच्चते

।विद्ययायातिविप्रत्वंत्रिभि:श्रोत्रियलक्षणम्।।

अर्थात- ब्राह्मण के बालक को जन्म से ही ब्राह्मण समझना चाहिए। संस्कारों से "द्विज" संज्ञा होती है तथा विद्याध्ययन से "विप्र" नाम धारण करता है। जो वेद, मंत्र तथा पुराणों से शुद्ध होकर तीर्थ स्नानादि के कारण और भी पवित्र हो गया है, वह ब्राह्मण परम पूजनीय माना गया है।

ब्राह्मण के गुण

रिजु: तपस्वी सन्तोषी क्षमाशीलो जितेन्द्रियः। दाता शूर दयालुश्च ब्राम्हणों नवभिर्गुणैः।। इन नौ **गुणों** से सम्पन्न व्यक्ति ही **ब्राह्मण** होता है।

वेदों के अनुसार ऐसा बताया जाता है कि "**ब्राह्मणों की उत्पत्ति**" हिंदू धर्म के देवता "ब्रह्मा" से हुई थी। ऐसा माना जाता है कि वर्तमान समय में जितने भी **ब्राह्मण** समाज के लोग हैं वे सब भगवान ब्रह्मा के वंशज हैंकिसी विशेष विद्या का ज्ञान रखने वाला ही **पंडित** होता है। प्राचीन भारत में, वेद शास्त्रों आदि के बहुत बड़े ज्ञाता को **पंडित** कहा जाता था। **ब्राह्मण:** **ब्राह्मण** शब्द ब्रह्म से बना है, जो ब्रह्म (ईश्वर) को छोड़कर अन्य किसी को नहीं पूजता, वह **ब्राह्मण** कहा गया है।

ब्राह्मण होने के लिए कुछ निश्चित गुण धर्मों का होना आवश्यक है।

शमोदमस्तपः शौचम् क्षांतिरार्जवमेव च। ज्ञानम् विज्ञानमास्तिक्यम् ब्रह्मकर्म स्वभावजम्।।

जिसका चित्त पर नियंत्रण है| जिसने अपनी इंद्रियों को कंट्रोल में कर लिया है| जिसके अंदर सुचिता है सद्भाव है धैर्य है सरल होता है एकाग्रता है जो ज्ञान और विज्ञान में भरोसा करता है वह ब्राह्मण है| ब्राह्मण और पंडित में भी अंतर है| जो धर्म-अध्यात्म के नियमों पर उच्च स्तर पर है वह ब्राह्मण है|कोई भी व्यक्ति जो अपने क्षेत्र में एक्सपर्ट है वह उस क्षेत्र का पंडित है पंडित का अर्थ है विशेषज्ञ|| सिर्फ ज्ञान से कोई व्यक्ति ब्राह्मण नहीं बन सकता ब्राह्मण बनने के लिए उस ज्ञान को अनुभव और क्रिया में उतारना जरूरी है| सनातन संस्कृति में ब्राह्मणों के कुछ कर्तव्य भी हैं|

ब्राह्मण के कर्त्तव्य:

अध्यापनम् अध्ययनम् यज्ञम् यज्ञानम् तथा |दानम् प्रतिग्रहम् चैव ब्राह्मणानामकल्पयात||

लोगों को सही मार्ग पर ले जाने कि शिक्षा देना|शिक्षा देने के लिए लगातार खुद को शिक्षित करना|

यज्ञ करना और करवाना यानी ऐसे कार्य, अभियान, उपक्रम करना जिससे जनता का कल्याण हो|

अच्छे कार्यों के लिए दान लेना (ऐसे कार्यक्रम जिनमें जनकल्याण छुपा है उनके लिए जन सहयोग प्राप्त करना)

दान देना- एक ब्राह्मण विद्या का दान दे सकता है, अपने ज्ञान का दान दे सकता है| परोपकार के लिए अपने समय का दान दे सकता है|

ब्राह्मण का व्यवहार:

ब्राह्मण ब्रह्मांड के नियमों का पालन करते हैं| विश्व के कल्याण के लिए कार्य करते हैं| धर्म के उत्थान का कार्य करते हैं| धार्मिक ग्रंथों को सही रूप में जनता के बीच में ले जाते हैं| गूढ़ ज्ञान को सहज और आसान भाषा में लोगों के कल्याण के लिए उद्घाटित करते हैं| परम सत्य तक पहुंचने के सभी व्यवहारिक मार्गों का प्रचार प्रसार करते हैं| लोगों की संस्कृति और विविधता के अनुसार धार्मिक मान्यताओं के जरिए प्रकृति और परमात्मा के उद्देश्यों की पूर्ति में सहायता करते हैं| सभी के सुख के लिए| धरती में कुटुंब भाव पैदा करने के लिए| प्राणी मात्र के उत्थान के लिए ब्राह्मण जन-जन में अलख जगाने के लिए !

भारत के संविधान के अनुसार:

आप चाहें पढ़ लिखकर कहीं कुछ भी बन जाए पर भारत के संविधान के अनुसार जन्मना ही रहेगा इसी प्रकार ब्रह्मण का जन्म भी ब्राह्मण के घर में होता है और उसी को ब्राह्मण मानता है। भारत का संविधान जाति प्रमाण पत्र जन्म के आधार पर बाँटता है

महान महापुरुषो तथा तमाम शास्त्रों दवारा ब्राह्मण के बारे में कहे गए प्रमुख कथन

ब्राह्मणो को लेकर पुराण कथन

ॐपुराणकथकोनित्यंधर्माख्यानस्यसन्तति:।अस्यैवदर्शनान्नित्यं, अश्वमेधादिजंफलम्।।

अर्थात- जिसके हृदय में गुरु, देवता, माता-पिता और अतिथि के प्रति भक्ति है। जो दूसरों को भी भक्तिमार्ग पर अग्रसर करता है, जो सदा पुराणों की कथा करता और धर्म का प्रचार करता है। शास्त्रों में ऐसे ब्राह्मण के दर्शन से अश्वमेध यज्ञों का फल प्राप्त होने की बात कही गई है।

ब्राह्मणो को लेकर पुलस्त्य जी और पितामह भीष्म जी कथन

पौराणिक कथाओं के अनुसार एक बार पितामह भीष्म जी ने पुलस्त्य जी से पूछा हे गुरुवर! मनुष्य को देवत्व, सुख, राज्य, धन, यश, विजय, भोग, आरोग्य, आयु, विद्या, लक्ष्मी, पुत्र, बन्धुवर्ग एवं सब प्रकार के मंगल की प्राप्ति कैसे हो सकती है। तब पुलस्त्य जी ने उनकी बात का उत्तर देते हुए कहा राजन!इस पृथ्वी पर ब्राह्मण सदा ही विद्या आदि गुणों से युक्त और श्रीसम्पन्न होता है। तीनों लोकों और प्रत्येक युग में विप्रदेव नित्य पवित्र माने गए हैं। ब्राह्मण देवताओं का भी देवता है। संसार में उसके समान कोई दूसरा नहीं है। वह साक्षात धर्म की मूर्ति है और सबको मोक्ष का मार्ग प्रशस्त करने वाला है। ब्राह्मण सब लोगों का गुरु, पूज्य और तीर्थस्वरुप मनुष्य है।

नारद जी और ब्रम्हाजी का कथन:

पूर्वकाल में नारदजी ने ब्रम्हाजी से पूछा था। ब्रम्हन्! किसकी पूजा करने पर भगवान लक्ष्मीपति प्रसन्न होते हैं। तो ब्रह्मा जी बोले, जिस पर ब्राह्मण प्रसन्न होते हैं, उस पर भगवान विष्णु जी भी प्रसन्न हो जाते हैं। अत: ब्राह्मण की सेवा करने वाला मनुष्य निश्चित ही परब्रम्ह परमात्मा को प्राप्त होता है। ब्राह्मण के

शरीर में सदा ही श्री विष्णु का निवास है। जो दान, मान और सेवा आदि के द्वारा प्रतिदिन ब्राह्मणों की पूजा करते हैं, उसके द्वारा मानों शास्त्रीय पद्धति से उत्तम दक्षिणा युक्त सौ अश्वमेध यज्ञों का अनुष्ठान हो जाता है। जिसके घर पर आया हुआ ब्राह्मण निराश नही लौटता, उसके समस्त पापों का नाश हो जाता है। पवित्र देश काल में सुपात्र ब्राह्मण को जो धन दान किया जाता है वह अक्षय होता है। वह जन्म जन्मान्तरों में फल देता है, उनकी पूजा करने वाला कभी दरिद्र, दुखी और रोगी नहीं होता है। जिस घर के आंगन में ब्राह्मण की चरणधूलि पड़ने से वह पवित्र होते हैं वह तीर्थों के समान हैं।

ॐनविप्रपादोदककर्दमानि, नवेदशास्त्रप्रतिघोषितानि।

स्वाहास्नधास्वस्तिविवर्जितानि, श्मशानतुल्यानि गृहाणि तानि।।

जहां ब्राह्मणों का चरणोदक नहीं गिरता, जहां वेद शास्त्र की गर्जना नहीं होती, जहां स्वाहा, स्वधा, स्वस्ति और मंगल शब्दों का उच्चारण नहीं होता है। वह चाहे स्वर्ग के समान भवन भी हो तब भी वह श्मशान के समान है।

पूर्वकाल में भगवान के मुख से **ब्रह्मा** से ब्राह्मण, बाहुओं से क्षत्रिय, जंघाओं से वैश्य और चरणों से शूद्रों की उत्पत्ति हुई। पितृयज्ञ(श्राद्ध-तर्पण), विवाह, अग्निहोत्र, शान्तिकर्म और समस्त मांगलिक कार्यों में सदा उत्तम माने गए हैं। ब्राह्मण के मुख से देवता हव्य और पितर कव्य का उपभोग करते हैं। ब्राह्मण के बिना दान, होम तर्पण आदि सब निष्फल होते हैं।जहां ब्राह्मणों को भोजन नहीं दिया जाता, वहा असुर, प्रेत, दैत्य और राक्षस भोजन करते हैं। इसलिए कहा जाता है ब्राह्मण को देखकर श्रद्धापूर्वक उसको प्रणाम करना चाहिए।

उनके आशीर्वाद से मनुष्य की आयु बढती है, वह चिरंजीवी होता है। ब्राह्मण को देखकर भी प्रणाम न करने से, उनसे द्वेष रखने से तथा उनके प्रति अश्रद्धा रखने से मनुष्यों की आयु क्षीण होती है, धन ऐश्वर्य का नाश होता है तथा परलोक में भी उसकी दुर्गति होती है।

ब्रह्मा के मुख से उत्पन्न होने से और वेद के धारण करने से धर्मानुसार ब्राह्मण ही सम्पूर्ण सृष्टि का स्वामी है।

जिसके दरवाजे से ब्राह्मण रोज निराश वापस जाता है उसका त्रिलोक तो क्या ईश्वर भी कल्याण नहीं कर सकते- वेद

मनुष्यों में ब्राम्हण, तेजों में सूर्य और शरीरों में मस्तिष्क के समान सब धर्मों में श्रेष्ठ है

(मनु0 8--82)।

मूर्ख ब्राह्मण का भी श्रेष्ठता में उच्च स्थान है।जिस प्रकार हवन की आग व साधारण आग दोनों ही श्रेष्ठ देवता हैं, उसी प्रकार मूर्ख ब्राम्हण भी श्रेष्ठ होता है (--मनु:-स्मृति:- 9--317)।

जिस प्रकार तेजस्वी अग्नि शमशान में भी दूषित नही होती और यज्ञ में हवन करने पर फिर पवित्र होकर बढ़ती है, उसी प्रकार यद्यपि ब्राह्मण निन्दित कार्यो में लिप्त रहते हैं तो भी वे सब प्रकार से श्रेष्ठ व पूजनीय ही हैं क्योंकि वे उत्तम देवता हैं (मनु:-स्मृति 9--319)

ब्राह्मण की किसी बात पर शंका या सन्देह नही करना चाहिए क्योंकि यह वेद की आज्ञा है।

(ऋग्वेद 8-4-10)।

शापत ताड़त पुरुष कहंता, विप्र पूजिय अस गावहि सन्ता।(रामचरितमानस)

अर्थ-यदि ब्राम्हण मारे पीते शाप दे, गाली दे फिर भी वह पूजा करने योग्य है ऐसा सन्त कहते हैं।

जिस ब्राह्मण वर्ग के मुंह में डाली गयी हवि द्वारा पितर और देवताओं की भूख मिट जाती है।अर्थात उसे श्राद्ध खिलाने से पितरों और देवताओं की भूख शांत होती है।उससे बढ़कर संसार में कौन हो सकता है।

(मनु:स्मृति 1--94)

जपस्तपस्तीर्थ यात्रा प्रव्रज्या मंत्र साधनम्।देवताराधनं चैव स्त्री शूद्र पतनानि षट्।।अत्रिस्मृति११३

रामचरितमानसमेंकहागयाहै:

चौ-पूजियविप्रसकलगुनहीना। कवचअभेद्यविप्रगुरुपूजा।

एहिसम विजयउपाय न दूजा।।

ब्राह्मणों की निंदा करने वाला व्यक्ति बहुत से नरक भोगकर फिर जगत् में कौए का शरीर धारण करके जन्म लेता है॥ * सुर श्रुति निंदक जे अभिमानी। रौरव नरक परहिं ते प्रानी॥ होहिं उलूक संत **निंदा** रत।

पुन्य एक जग महुँ नहिं दूजा। मन क्रम बचन बिप्र पद पूजा॥

सानुकूल तेहि पर मुनि देवा। जो तजि कपटु करइ द्विज सेवा॥4॥

जगत् में पुण्य एक ही है, (उसके समान) दूसरा नहीं। वह है- मन, कर्म और वचन से ब्राह्मणों के चरणों की पूजा करना। जो कपट का त्याग करके ब्राह्मणों की सेवा करता है, उस पर मुनि और देवता प्रसन्न रहते हैं

कालउ तुअ पद नाइहि सीसा। एक बिप्रकुल छाड़ि महीसा॥1॥

तपस्वी ने कहा- हे राजन्! ऐसा ही हो, पर एक बात कठिन है, उसे भी सुन लो। हे पृथ्वी के स्वामी! केवल ब्राह्मण कुल को छोड़ काल भी तुम्हारे चरणों पर सिर नवाएगा।

तपबल बिप्र सदा बरिआरा। तिन्ह के कोप न कोउ रखवारा॥

जौं बिप्रन्ह बस करहु नरेसा। तौ तुअ बस बिधि बिष्नु महेसा॥2॥

तप के बल से ब्राह्मण सदा बलवान रहते हैं। उनके क्रोध से रक्षा करने वाला कोई नहीं है। हे नरपति! यदि तुम ब्राह्मणों को वश में कर लो, तो ब्रह्मा, विष्णु और महेश भी तुम्हारे अधीन हो जाएँगे।

चल न ब्रह्मकुल सन बरिआई। सत्य कहउँ दोउ भुजा उठाई॥

बिप्र श्राप बिनु सुनु महिपाला। तोर नास नहिं कवनेहुँ काला॥3॥

ब्राह्मण कुल से जोर जबर्दस्ती नहीं चल सकती, मैं दोनों भुजा उठाकर सत्य कहता हूँ। हे राजन्! सुनो, ब्राह्मणों के शाप बिना तुम्हारा नाश किसी काल में नहीं होगा।

मन क्रम बचन बिप्र करि पूजा।। सानुकूल तेहि पर मुनि देवा। जो तजि कपट करइ द्विज सेवा।। इस अंश में उद्धृत पहली चौपाई में कहा गया है कि **ब्राह्मण गुणहीन भी हो, तो भी उसकी पूजा करनी चाहिए**

ब्राह्मणों को लेकर श्री राम जी का कथन:

ब्राह्मण वह है जो परशुराम के रूप में एक बार नहीं, 21 बार आततायी राजाओं का संहार करता है।जिसके लिए भगवान राम भी कहते हैं-

विप्र वंश करि यह प्रभुताई।अभय होहुँ जो तुम्हहिं डेराई।

विप्र प्रसादात् धरणी धरोहम्। विप्र प्रसादात कमला वरोहम्।

विप्र प्रसादात् जिताजितोहम्। विप्र प्रसादात् मम नाम रामम्।।

ब्राह्मणों के आशीर्वाद से ही मैंने धरती को धारण कर रखा है अन्यथा इतना भार कोई अन्य पुरुष कैसे उठा सकता है, इन्ही के आशीर्वाद से नारायण हो कर

मैंने लक्ष्मी को वरदान में प्राप्त किया है, इन्ही के आशीर्वाद से मैं हर युद्ध भी जीत गया और ब्राह्मणों के आशीर्वाद से ही मेरा नाम "राम" अमर हुआ है, अतः ब्राह्मण सर्व पूज्यनीय है। और ब्राह्मणों का अपमान ही कलियुग में पाप की वृद्धि का मुख्य कारण है।

श्री कृष्ण जी का ब्राह्मणो पर कथन:

ॐनमोब्रम्हण्यदेवाय गोब्राम्हणहितायच।

जगद्धितायकृष्णाय, गोविन्दायनमोनमः।।

अर्थात- जगत के पालनहार गौ, ब्राम्हणों के रक्षक भगवान श्रीकृष्ण जी कोटिशः वन्दना करते हैं। जिनके चरणारविन्दों को परमेश्वर अपने वक्षस्थल पर धारण करते हैं, उन ब्राम्हणों के पावन चरणों में हमारा कोटि-कोटि प्रणाम है। ब्राह्मण जप से पैदा हुई शक्ति का नाम है, ब्राह्मण त्याग से जन्मी भक्ति का धाम है।

ब्राह्मणज्ञानकेदीपजलानेकानामहै, ब्राह्मण विद्या का प्रकाश फैलाने का काम है।

ब्राह्मणस्वाभिमानसेजीनेकाढंगहै, ब्राह्मण सृष्टि का अनुपम अमिट अंग है।

ब्राह्मणविकरालहलाहलपीनेकीकलाहै, ब्राह्मण कठिन संघर्षों को जीकर ही पला है।

ब्राह्मणज्ञान, भक्तित्याग, परमार्थकाप्रकाशहै, ब्राह्मण शक्ति, कौशल, पुरुषार्थ का आकाश है।

ब्राह्मणनधर्म, नजातिमेंबंधाइंसानहै, ब्राह्मण मनुष्य के रूप में साक्षात भगवान है।

ब्राह्मणकंठमेंशारदालिएज्ञानकासंवाहकहै, ब्राह्मण हाथ में शस्त्र लिए आतंक का संहारक है।

ब्राह्मणसिर्फमंदिरमेंपूजाकरताहुआपुजारीनहींहै, ब्राह्मण घर-घर भीख मांगता भिखारी नहीं है।

ब्राह्मणगरीबीमेंसुदामा-सासरलहै, ब्राह्मणत्यागमेंदधीचि-साविरलहै।

ब्राह्मणविषधरोंकेशहरमेंशंकरकेसमानहै, ब्राह्मण के हस्त में शत्रुओं के लिए बेद कीर्तिवान है।

ब्राह्मणसूखतेरिश्तोंसंवेदनाओंसेसजाताहै, ब्राह्मण निषिद्ध गलियों में सहमे सत्य को बचाता है।

ब्राह्मणसंकुचितविचारधाराओंसेपरएकनामहै, ब्राह्मण सबके अंतःस्थल में बसा अविरल राम है।

श्रीकृष्ण का प्रद्युम्न को ब्राह्मणों की महिमा बताना:

महाभारत अनुशासन पर्व के दानधर्म पर्व के अंतर्गत अध्याय 159 में श्रीकृष्ण का प्रद्युम्न को ब्राह्मणों की महिमा बताने का वर्णन हुआ है।[1]

युधिष्ठिर का प्रश्न

वैशम्पायन जी कहते हैं जनमेजय! युधिष्ठिर! ने पूछा- मधुसूदन! ब्राह्मण की पूजा करने से क्या फल मिलता है? इसका आप ही वर्णन कीजिये; क्योंकि आप इस विषय को अच्छी तरह जानते हैं और मेरे पितामह भी आपको इस विषय का ज्ञाता मानते हैं।

श्रीकृष्ण द्वारा ब्राह्मणों के गुणों का वर्णन:

भगवान श्रीकृष्ण ने कहा- कुरुकुलतिलक भरतभूषण नरेश! मैं ब्राह्मणों के गुणों का यथार्थ रूप से वर्णन करता हूँ, आप ध्यान देकर सुनिये। कुरुनन्दन! पहले की बात है, एक दिन ब्राह्मणों ने मेरे पुत्र प्रद्युम्न को कुपित कर दिया। उस समय मैं द्वारका में ही था। प्रद्युम्न ने मुझसे आकर पूछा- 'मधुसूदन! ब्राह्मणों की पूजा करने से क्या फल होता है? इहलोक और परलोक में वे क्यों ईश्वर तुल्य माने जाते हैं? 'मानद! सदा ब्राह्मणों की पूजा करके मनुष्य क्या फल पाता है? सह सब मुझे स्पष्ट रूप से बताइये क्योंकि इस विषय में मुझे महान संदेह है। महाराज! प्रद्युम्न के ऐसा कहने पर मैंने उसको उत्तर दिया। रुक्मिणीनन्दन! ब्राह्मणों की पूजा करने से क्या फल मिलता है, यह मैं बता रहा हूँ, तुम एकाग्रचित्त होकर सुनो। बेटा! ब्राह्मणों के राजा सोम (चन्द्रमा) हैं। अत: ये इस लोक और परलोक में भी सुख-दुख देने में समर्थ होते हैं।

ब्राह्मणों में शान्त भाव की प्रधानता होती है। इस विषय में मुझे कोई विचार नहीं करना है। ब्राह्मणों की पूजा करने से आयु, कीर्ति, यश और बल की प्राप्ति होती है। समस्त लोक और लोकेश्वर ब्राह्मणों के पूजक हैं। धर्म, अर्थ और काम की सिद्धि के लिये, मोक्ष की प्राप्ति के लिये और यश, लक्ष्मी तथा आरोग्य की उपलब्धि के लिये एवं देवता और पितरों की पूजा के समय हमें ब्राह्मणों को पूर्ण संतुष्ट करना चाहिये। बेटा! ऐसी दशा में मैं ब्राह्मणों का आदर कैसे नहीं करूँ? महाबाहो! मैं ईश्वर (सब कुछ करने में समर्थ) हूँ - ऐसा मानकर तुम्हें ब्राह्मणों के प्रति क्रोध नहीं करना चाहिये। ब्राह्मण इस लोक और परलोक में भी महान माने गये हैं। वे सब कुछ प्रत्यक्ष देखते हैं और यदि क्रोध में भर जायँ तो इस जगत को भस्म कर सकते हैं। दूसरे-दूसरे लोक और लोकपालों की वे सृष्टि कर सकते हैं। अत: तेजस्वी पुरुष ब्राह्मणों के महत्व को अच्छी तरह जानकर भी उनके साथ सद्व्यवहार क्यों न करेंगे?[1]

ब्राह्मण का अपमान करना महापाप माना जाता है। यदि **ब्राह्मण** बदला लेना चाहे तो वह पूरे कुल का नाश कर सकता है। कभी भी **ब्राह्मण का अपमान** नहीं **करना** चाहिए।

ब्राह्मण वह है जो वशिष्ठ के रूप में केवल अपना एक दंड जमीन में गाड़ देता है, जिससे विश्वामित्र के समस्त अस्त्र शस्त्र चूर हो जाते हैं और विश्वामित्र लज्जित होकर कह पड़ते हैं-

धिक बलं क्षत्रिय बलं, ब्रह्म तेजो बलं बलं।एकेन ब्रह्म दण्डेन, सर्वस्त्राणि हतानि में।

(ब्राह्मण का तेज ही असली बल है।ब्राह्मण वशिष्ठ का एक ब्रह्म दंड मेरे समस्त अस्त्र शस्त्र को निर्वीर्य कर दिया)

ब्राह्मण वह है, जो दधीचि के रूप में अपनी हड्डियों से बज्र बनवाकर, वृत्तासुर का अंत कराता है।

ब्राह्मण वह है, जो चाणक्य के रूप में, अपना अपमान होने पर धनानन्द को चुनौती देकर कहता है कि अब यह शिखा तभी बँधेगी जब तुम्हारा नाश कर दूंगा और ऐसा करके ही शिखा बाँधता है।

ब्राह्मण वह है जो अर्थ शास्त्र की ऐसी पुस्तक देता है, जो आज तक अद्वितीय है।

ब्राह्मण वह है जो पुष्य मित्र शुंग के रूप में मौर्य वंश के अंतिम सम्राट बृहद्रथ को, उठाता है तलवार और स्वाहा कर देता है।भारत को बौद्ध होने से बचा लेता है।यवन आक्रमण की ऐसी की तैसी कर देता है।

ब्राह्मण वह है जो मण्डन मिश्र के रूप में जन्म लिया और जिसके घर पर तोता भी संस्कृत में दर्शन पर वाद विवाद करते थे।अगर पता नहीं है तो यह श्लोक पढ़ो, जो आदि शंकर के मण्डन मिश्र के घर का पता पूछने पर उनकी दासियों ने कहा था-

स्वतः प्रमाणं परतः प्रमाणं, कीरांगना यत्र गिरा गिरंति।द्वारस्थ नीण अंतर संनिरुद्धा, जानीहि तंमण्डन पंडितौकः।(जिस घर के दरवाजे पर पिंजरे में बन्द तोता भी वेद के स्वतः प्रमाण या परतः प्रमाण की चर्चा कर रहा हो, उसे ही मण्डन मिश्र का घर समझना।)

ब्राह्मण वह है जो शंकराचार्य के रूप में 32 वर्ष की उम्र तक वह सब कर जाता है, जिसकी कल्पना भी सम्भव नहीं है।अद्वैत वेदान्त, दर्शन का शिरोमणि।

ब्राह्मण वह है जो अस्त व्यस्त अनियंत्रित भाषा को व्याकरण बद्ध कर पाणिनि के रूप में अष्टाध्यायी लिख देता है।

ब्राह्मण वह है, जो पतंजलि के रूप में अश्वमेध यज्ञ कराता है और महाभाष्य लिख देता है।ब्राह्मण वह है

ब्राह्मण जब दिल से सोचे तो तुम अपना भाग्य बना लेना, हो क्रोधित जब ब्राह्मण तुझपर अपना जान बचा लेना...!!

ब्राह्मण शांत हैं तो श्री राम हैं, भड़के तो फरसाधारी परशुराम हैं

शमो दमस्तपः शौचं क्षान्तिरार्जवमेव च।ज्ञानं विज्ञानमास्तिक्यं ब्रह्मकर्म स्वभावजम् ॥

अपने मन का निग्रह करना, इंद्रियों का दमन करना, धर्मपालन के लिए कष्ट सहना, बाहर-भीतर से शुद्ध रहना, दूसरों के अपराधों को क्षमा करना, मन, इंद्रिय और शरीर को सरल रखना, वेद, शास्त्र, ईश्वर और परलोक आदि में श्रद्धा रखना, वेद-शास्त्रों का अध्ययन-अध्यापन करना और परमात्मा के तत्त्व का अनुभव करना- ये सब-के-सब ही ब्राह्मण के स्वाभाविक कर्म हैं। यहाँ एक बात जानने योग्य यह है कि जिन ब्राह्मणों की वंश परंपरा शुद्ध है उनके स्वभाव में ही ये गुण पाए जाते हैं।

ब्राह्मण का महत्व और महानता ।ब्राह्मण क्यों देवता ?

योऽधीतेऽहन्यहन्येतांस्त्रीणि वर्षाण्यतन्द्रितः ।स ब्रह्म परमभ्येति वायुभूत खमूर्तिमान्।।

अर्थात - जो द्विज आलस्य छोड़कर प्रतिदिन प्रणय और व्यहतियों के साथ गायत्री - महामन्त्र का तीन वर्षपर्यन्त जप करता है, वह इस मन्त्र के प्रभाव से अपना गायत्री मन्त्रमय परमात्मा के अनुग्रह से आकाशरूप होकर सच्चिदानन्दस्वरूप पर ब्रह्म को प्राप्त कर लेता है

* पृथिव्यां यानी तीर्थानि तानी तीर्थानि सागरे ।सागरे सर्वतीर्थानि पादे विप्रस्य दक्षिणे।।

   चैत्रमाहात्मये तीर्थानि दक्षिणे पादे वेदास्तन्मुखमाश्रिताः ।सर्वांगेष्वाश्रिता देवाः पूजितास्ते तदर्चया।।

   अव्यक्त रूपिणो विष्णोः स्वरूपं ब्राह्मणा भुवि ।नावमान्या नो विरोधा कदाचिच्छुभमिच्छता।।

* अर्थात पृथ्वी में जितने भी तीर्थ हैं वह सभी समुद्र में मिलते हैं और समुद्र में जितने भी तीर्थ हैं वह सभी ब्राह्मण के दक्षिण पैर में है। चार

वेद उसके मुख में हैं अंग में सभी देवता आश्रय करके रहते हैं इसवास्ते ब्राह्मण को पूजा करने से सब देवों का पूजा होती है। पृथ्वी में ब्राहमण जो है विष्णु रूप है इसलिए जिसको कल्याण की इच्छा हो वह ब्राह्मणों का अपमान तथा द्वेष नहीं करना चाहिए।

★ देवाधीनाजगत्सर्वं मन्त्राधीनाश्च देवता: ।ते मन्त्रा: ब्राह्मणाधीना:तस्माद् ब्राह्मण देवता।

★ अर्थात् सारा संसार देवताओं के अधीन है तथा देवता मन्त्रों के अधीन हैं और मन्त्र ब्राह्मण के अधीन हैं इस कारण ब्राह्मण देवता हैं ।उत्तम ब्राम्हण की महिमा

ऊँ जन्मना ब्राम्हणो, ज्ञेय:संस्कारैर्द्विज उच्चते।विद्यया याति विप्रत्वं, त्रिभि:श्रोत्रिय लक्षणम्।।

ब्राम्हण के बालक को जन्म से ही ब्राम्हण समझना चाहिए।संस्कारों से "द्विज" संज्ञा होती है तथा विद्याध्ययन से "विप्र"नाम धारण करता है।

जो वेद, मन्त्र तथा पुराणों से शुद्ध होकर तीर्थस्नानादि के कारण और भी पवित्र हो गया है, वह ब्राम्हण परम पूजनीय माना गया है।

ऊँ पुराणकथको नित्यं, धर्माख्यानस्य सन्तति:। स्यैव दर्शनान्नित्यं, अश्वमेधादिजं फलम्।।

जिसके हृदय में गुरु, देवता, माता-पिता और अतिथि के प्रति भक्ति है।जो दूसरों को भी भक्तिमार्ग पर अग्रसर करता है, जो सदा पुराणों की कथा करता और धर्म का प्रचार करता है ऐसे ब्राम्हण के दर्शन से ही अश्वमेध यज्ञों का फल प्राप्त होता है।

पितामह भीष्म जी पुलस्त्य जी से पूछा--गुरुवर!मनुष्य को देवत्व, सुख, राज्य, धन, यश, विजय, भोग, आरोग्य, आयु, विद्या, लक्ष्मी, पुत्र, बन्धुवर्ग एवं सब प्रकार के मंगल की प्राप्ति कैसे हो सकती है?यह बताने की कृपा करें।

पुलस्त्यजी ने कहा--

राजन!इस पृथ्वी पर ब्राम्हण सदा ही विद्या आदि गुणों से युक्त और श्रीसम्पन्न होता है।तीनों लोकों और प्रत्येक युग में विप्रदेव नित्य पवित्र माने गये हैं।ब्राम्हण देवताओं का भी देवता है।संसार में उसके समान कोई दूसरा नहीं है।

वह साक्षात धर्म की मूर्ति है और सबको मोक्ष का मार्ग प्रशस्त करने वाला है।ब्राम्हण सब लोगों का गुरु, पूज्य और तीर्थस्वरुप मनुष्य है।

पूर्वकाल में नारदजी ने ब्रम्हाजी से पूछा था-ब्रम्हन्! किसकी पूजा करने पर भगवान लक्ष्मीपति प्रसन्न होते हैं?"

ब्रम्हाजी बोले--जिस पर ब्राम्हण प्रसन्न होते हैं, उसपर भगवान विष्णुजी भी प्रसन्न हो जाते हैं।अत: ब्राम्हण की सेवा करने वाला मनुष्य निश्चित ही परब्रम्ह परमात्मा को प्राप्त होता है।ब्राम्हण के शरीर में सदा ही श्रीविष्णु का निवास है।जो दान, मान और सेवा आदि के द्वारा प्रतिदिन ब्राम्हणों की पूजा करते हैं, उसके द्वारा मानों शास्त्रीय पद्धति से उत्तम दक्षिणा युक्त सौ अश्वमेध यज्ञों का अनुष्ठान हो जाता है।

जिसके घरपर आया हुआ ब्राम्हण निराश नहीं लौटता, उसके समस्त पापों का नाश हो जाता है।पवित्र देशकाल में सुपात्र ब्राम्हण को जो धन दान किया जाता है वह अक्षय होता है।वह जन्म जन्मान्तरों में फल देता है, उनकी पूजा करने वाला कभी दरिद्र, दुखी और रोगी नहीं होता है।जिस घर के आँगन में ब्राम्हणों की चरणधूलि पडने से वह पवित्र होते हैं वह तीर्थों के समान हैं।

ॐ न विप्रपादोदककर्दमानि, न वेदशास्त्रप्रतिघोषितानि!स्वाहास्नधास्वस्तिविवर्जितानि, श्मशानतुल्यानि गृहाणि तानि।।

जहाँ ब्राम्हणों का चरणोदक नहीं गिरता, जहाँ वेद शास्त्र की गर्जना नहीं होती, जहाँ स्वाहा, स्वधा, स्वस्ति और मंगल शब्दों का उच्चारण नहीं होता है।वह चाहे स्वर्ग के समान भवन भी हो तब भी वह श्मशान के समान है।

।पितृयज्ञ(श्राद्ध-तर्पण), विवाह, अग्निहोत्र, शान्तिकर्म और समस्त मांगलिक कार्यों में सदा उत्तम माने गये हैं।

ब्राम्हण के मुख से देवता हव्य और पितर कव्य का उपभोग करते हैं।ब्राम्हण के बिना दान, होम तर्पण आदि सब निष्फल होते हैं।जहाँ ब्राम्हणों को भोजन नहीं दिया जाता, वहाँ असुर, प्रेत, दैत्य और राक्षस भोजन करते हैं।

ब्राम्हण को देखकर श्रद्धापूर्वक उसको प्रणाम करना चाहिए।उनके आशीर्वाद से मनुष्य की आयु बढती है, वह चिरंजीवी होता है।

ब्राम्हणों को देखकर भी प्रणाम न करने से, उनसे द्वेष रखने से तथा उनके प्रति अश्रद्धा रखने से मनुष्यों की आयु क्षीण होती है, धन ऐश्वर्य का नाश होता है तथा परलोक में भी उसकी दुर्गति होती है।

चौ- पूजिय विप्र सकल गुनहीना।शूद्र न गुनगन ग्यान प्रवीणा**।।

कवच अभेद्य विप्र गुरु पूजा।एहिसम विजयउपाय न दूजा।।-रामचरित मानस......

ऊँ नमो ब्रम्हण्यदेवाय, गोब्राम्हणहिताय च।जगद्धिताय कृष्णाय, गोविन्दाय नमोनमः।।

जगत के पालनहार गौ, ब्राम्हणों के रक्षक भगवान श्रीकृष्ण जी कोटिशःवन्दना करते हैं।

जिनके चरणारविन्दों को परमेश्वर अपने वक्षस्थल पर धारण करते हैं, उन ब्राम्हणों के पावन चरणों में हमारा कोटि-कोटि प्रणाम है।।ब्राह्मण जप से पैदा हुई शक्ति का नाम है, ब्राह्मण त्याग से जन्मी भक्ति का धाम है।

ब्राह्मण ज्ञान के दीप जलाने का नाम है, ब्राह्मण विद्या का प्रकाश फैलाने का काम है।

ब्राह्मण स्वाभिमान से जीने का ढंग है, ब्राह्मण सृष्टि का अनुपम अमिट अंग है।

ब्राह्मण विकराल हलाहल पीने की कला है, ब्राह्मण कठिन संघर्षों को जीकर ही पला है।

ब्राह्मण ज्ञान, भक्ति, त्याग, परमार्थ का प्रकाश है, ब्राह्मण शक्ति, कौशल, पुरुषार्थ का आकाश है।

ब्राह्मण कंठ में शारदा लिए ज्ञान का संवाहक है, ब्राह्मण हाथ में शस्त्र लिए आतंक का संहारक है।

ब्राह्मण सिर्फ मंदिर में पूजा करता हुआ पुजारी नहीं है, ब्राह्मण घर-घर भीख मांगता भिखारी नहीं है।

ब्राह्मण गरीबी में सुदामा-सा सरल है, ब्राह्मण त्याग में दधीचि-सा विरल है।

ब्राह्मण विषधरों के शहर में शंकर के समान है, ब्राह्मण के हस्त में शत्रुओं के लिए परशु कीर्तिवान है।

ब्राह्मण सूखते रिश्तों को संवेदनाओं से सजाता है, ब्राह्मण निषिद्ध गलियों में सहमे सत्य को बचाता है।

ब्राह्मण संकुचित विचारधाराओं से परे एक नाम है, ब्राह्मण सबके अंतःस्थल में बसा अविरल राम है।

ब्राह्मणों की महिमा और उनके तिरस्कार के भयानक फल का वर्णन/ ब्राह्मणों की निन्दा करने से नुकसान:

1. ब्राह्मणों की निन्दा करने वाला मनुष्य कुत्ते की योनि में जन्म लेता है, उस पर दोषारोपण करने से गदहा होता है और उसका तिरस्कार करने से कृमि होता है तथा उसके साथ द्वेष करने से वह कीड़े की योनि में जन्म पाता है।

2. ब्राह्मण चाहे सदाचारी, संस्कारहीन हों या संस्कारों से सम्पन्न, उनका अपमान नहीं करना चाहिये; क्योंकि वे भस्म से ढकी हुई आग के तुल्य हैं।

3. ब्राह्मण यदि कमज़ोर हों तो भी कभी उनका अपमान न करें। क्योंकि वे अपमानित होने पर मनुष्य को भस्म कर डालते हैं

4. जिस प्रकार सभी अवस्थाओं में अग्नि महान देवता हैं, उसी प्रकार सभी अवस्थाओं में ब्राह्मण महान देवता हैं। अंगहीन, काने, कुबड़े और बौने- इन सब ब्राह्मणों को देवकार्य में वेद के पारंगत विद्वान ब्राह्मणों के साथ नियुक्त करना चाहिये। उन पर क्रोध न करे, न उनका अनिष्ट ही करे; क्योंकि ब्राह्मण क्रोधरूपी शस्त्र से ही प्रहार करते हैं.

5. ब्राह्मण जन्म से ही धर्म की सनातन मूर्ति है।

6. घर पर या विदेश में, दिन में या रात में ब्राह्मणों की निरन्तर श्रद्धा के साथ पूजा करते रहना चाहिये ब्राह्मण के समान कोई देवता नहीं है, ब्राह्मण के समान कोई गुरु नहीं है, ब्राह्मण से बढ़कर बन्धु नहीं है और ब्राह्मण से बढ़कर कोई खजाना नहीं है। कोई तीर्थ और पुण्य भी ब्राह्मण से श्रेष्ठ नही है। ब्राह्मण से बढ़कर पवित्र कोई नहीं है और ब्राह्मण से बढ़कर पवित्र करने वाला कोई नहीं है। ब्राह्मण से श्रेष्ठ कोई धर्म नहीं.

7. ब्राह्मण को दान देकर उसकी पूजा करने, सिर झुकने, सत्कार करने, बातचीत करने अथवा दर्शन करने से वह मनुष्य को दिव्य लोक में पहुँचा देता है.

8. जागते अथवा सोते समय, परदेश में अथवा घर रहते समय श्रेष्ठ ब्राह्मण पूजन, दर्शन, स्पर्श अथवा सम्भाषण करने मात्र से मनुष्य को सदा पवित्र कर देता है।

9. श्रीभगवान ने कहा- भारत! कोई एक हजार बार गुग्गल आदि सुगन्धित पदार्थों का जलाकर मुझे धूप दे, निरन्तर नमस्कार करे, खूब भेंट- पूजा चढ़ावे तथा ऋग्वेद, यजुर्वेद और सामवेद की स्तुतियों से सदा मेरा स्तवन करता रहे; किंतु यदि वह ब्राह्मण को संतुष्ट न कर सका तो मैं उस पर प्रसन्न नहीं होता।

10. ब्राह्मण जन्म से ही धर्म की सनातन मूर्ति है।

11. श्रीभगवान ने कहा- भारत! कोई एक हजार बार गुग्गल आदि सुगन्धित पदार्थों का जलाकर मुझे धूप दे, निरन्तर नमस्कार करे, खूब भेंट- पूजा चढ़ावे तथा ऋग्वेद, यजुर्वेद और सामवेद की स्तुतियों से सदा मेरा स्तवन करता रहे; किंतु यदि वह ब्राह्मण को संतुष्ट न कर सका तो मैं उस पर प्रसन्न नहीं होता।

12. भरतश्रेष्ठ! इसमें संदेह नहीं कि ब्राह्मण की पूजा से सदा मेरी पूजा हो जाती है और ब्राह्मण को कटुवचन सुनाने से मैं ही उस कटु वचन का लक्ष्य बनता हूँ। जो ब्राह्मण की पूजा करते हैं, उनकी परमगति मुझमें ही होती है ;

13. पृथ्वी पर ब्राह्मणों के रूप में मैं ही निवास करता हूँ। पुरुषश्रेष्ठ! जो बुद्धिमान मनुष्य मुझ में मन लगाकर ब्राह्मणों की पूजा करता है, उसको मैं अपना ही स्वरूप समझता हूँ। ब्राह्मण यदि कुबड़े, काने, बौने, दरिद्र और रोगी भी हों तो विद्वान पुरुषों को कभी उनका अपमान नहीं करना चाहिये; क्योंकि वे सब मेरे ही स्वरूप हैं। समुद्र पर्यन्त पृथ्वी के ऊपर जितने भी ब्राह्मण हैं, वे सब मेरे स्वरूप हैं। उनका पूजन करने से मेरा भी पूजन हो जाता है।

14. बहुत- से अज्ञानी पुरुष इस बात को नहीं जानते कि मैं इस पृथ्वी पर ब्राह्मणों के रूप में निवास करता हूँ। जो ब्राह्मण को गाली देकर और उनकी निन्दा करके प्रसन्न होते हैं, वे जब यमलोक में जाते हैं तब लाल-लाल आंखो वाले क्रूर यमराज उन्हें पृथ्वी पर पटककर छाती पर सवार हो जाते हैं और आग में तपाये हुए संड़सों से उनकी जीभ उखाड़ लेते हैं। जो पापी ब्राह्मणों की ओर पापपूर्ण दृष्टि से देखते हैं, ब्राह्मणों के प्रति भक्ति नहीं करते, वैदिक मर्यादा का उल्लघंन करते हैं और सदा ब्राह्मणों के द्वेषी बने रहते हैं, वे जब यमलोक में पहुँचते हैं। तब वहाँ यमराज

की आज्ञा से टेढ़ी चोंच वाले बड़े- बड़े बलवान पक्षी आकर क्षणभर में उन पापियों की आंखे निकाल लेते हैं

15. जो मनुष्य ब्राह्मण को पीटता है, उसके शरीर से खून निकाल देता है, उसकी हड्डी तोड़ झालता है अथवा उसके प्राण ले लेता है, वह क्रमश: इक्कीस नरकों में अपने पाप का फल भोगता है। पहले वह शूल पर चढ़ाया जाता है। फिर मस्तक नीचे करके उसे आग में लटका दिया जाता है और वह हजारों वर्षों तक उसमे पकता रहता है। वह दुष्ट- बुद्धि वाला पुरुष उस दारुण यातना से तब तक छुटकारा नहीं पाता, जब तक की उसके पाप का भोग समाप्त नहीं हो जाता।

16. ब्राह्मण का अपमान करने के विचार से अथवा उनको मारने की इच्छा से जो उन पर आक्रमण करते हैं, वे एक लाख वर्ष तक तामिस्त्र नरक में पकाये जाते हैं।

17. इसलिये ब्राह्मणों के प्रति कभी अमंगल सूचक वचन न कहें, उसने रूखी और कठोर बात न बोलें तथा कभी उनका अपमान न करें।

18. जो श्रेष्ठ मनुष्य ब्राह्मणों की मधुर वाणी से पूजा करते हैं, उनके द्वारा नि:संदेह मेरी ही पूजा और स्तुति- क्रिया सम्पन्न हो जाती है।

19. भारत! जो ब्राह्मणों को फटकारते और गालियां सुनाते हैं, वे मुझे ही गाली देते और मुझे ही फटकारते हैं। इसमें कोई संशय नहीं है उनका सम्पूर्ण कुल सहित बिनाश निश्चित है श्रीभगवान ने कहा- राजन! नरेश्वर! तुम मेरे भक्त हो, इसलिये जो कुछ पूछते हो, वह सब बात यथार्थ रूप से बता रहा हूँ; सुनो! युधिष्ठिर! मनुष्यलोक और यमलोक में छियासी हजार योजन का अन्तर है। युधिष्ठिर! इस बीच में मार्ग में न वृक्ष की छाया है, न तालाब है, न पोखरा है, न बावड़ी है और न कुआँ ही है। युधिष्ठिर! उस मार्ग में कहीं कोई भी मण्डप, बैठक, प्याऊ, घर, पर्वत, नदी, गुफा, गांव, आश्रम, बगीचा, वन अथवा ठहरने का दूसरा कोई स्थान भी नहीं है। जब जीव का मृत्यु काल उपस्थित होता है और वह वेदना से अत्यन्त छटपटाने लगता है, उस समय कारण-तत्त्व शरीर का त्याग कर देते हैं, प्राण कण्ठ तक आ जाते हैं और वायु के वश में पड़े हुए जीव को बरबस इस शरीर से निकलकर वायु रूप धारी जीव एक दूसरे अदृश्य शरीर में प्रवेश करता है। इसमें जरा भी संसय नहीं है

महाभारत आश्वमेधिक पर्व के वैष्णव धर्म पर्व के अंतर्गत अध्याय 92 में

20. शील और सदाचार से युक्त ब्राह्मण यदि केवल गायत्री का जप करता हो तो भी वह श्रेष्ठ माना जाता है। प्रतिदिन एक हजार गायत्री-मंत्र का जप करना उत्तम है, सौ मन्त्र का जप करना मध्यम और दस मन्त्र का जप करना कनिष्ठ माना गया है। कुन्तीनन्दन! गायत्री सब पापों को नष्ट करने वाली है

21. धर्म ही ब्राह्मण का रक्षक, सुहृद, भ्राता, सखा और स्वामी है। अर्थ, काम, भोग, सुख, उत्तम ऐश्वर्य और सर्वोत्तम स्वर्ग की प्राप्ति भी धर्म से ही होती है। यदि इस विशुद्ध धर्म का सेवन किया जाय तो वह महान भय से रक्षा करता है। धर्म से ही मनुष्य को ब्राह्मणत्त्व और देवत्व की प्राप्ति होती है। जब काल-क्रम से मनुष्य का पाप नष्ट हो जाता है, तभी उसकी बुद्धि धर्माचरण में लगती है।

22. ब्राह्मण के लिये कुछ भी दुष्कर नहीं है। जो ब्राह्मण शिखा और यज्ञोपवीत धारण करते हैं, संध्योपासना करते हैं, पूर्णाहुति देते हैं, विधिवत् अग्निहोत्र करते हैं, बलिवैश्वदेव और अतिथियों का पूजन करते हैं, नित्य स्वाध्याय में लगे रहते हैं तथा जप - यज्ञ के परायण है ; जिनके सब पापों को हवन की जाने वाली तीनों अग्नियां भस्म कर देती हैं, वे ब्राह्मण पापरहित होकर ब्रह्मलोक को प्राप्त होते हैं

23 युधिष्ठिर ! अब जिन - जिन मनुष्यों का जीवन व्यर्थ है उनका परिचय दे रहा हूं ; सुनो। जो नराधम मेरी, भगवान् शंकर की अथवा भूमण्डल के देवता ब्राह्मणों की शरण नहीं लेते, वे मनुष्य व्यर्थ ही जीते हैं। जिनकी कोरे तर्कशास्त्र में ही आसक्ति है,। जो नराधम नास्तिकों के शास्त्र पढ़कर ब्राह्मण और यज्ञों की निन्दा करते हैं, वे व्यर्थ ही जीपन धारण करते हैं

24. जो स्वयं देने योग्य वस्तु ले जाकर भक्ति पूर्वक सत्पात्र को दान करता है, उसको मरणपर्यन्त हर समय उस दान का फल प्राप्त होता है दान देना कर्तव्य है - ऐसा समझकर अपना उपकार न करने वाले ब्राह्मण को जो दान दिया जाता है, वही सात्विक है। पाण्डुनन्दन ! ब्राह्मण को प्रसन्नतापूर्वक जो कुछ दिया जाता है, वह भी सात्विक कहा जाता है।

25. परलोक में अपना हित चाहने वाले पुरुष को सदा दान करते रहना चाहिये। निन्दा करने पर ब्राह्मण उस को उसी प्रकार नष्ट कर देता है, जैसे आग ईंधन को जला डालती है।

26. जैसे इन्द्र असुरों का वज्र से नाश करते हैं; क्योंकि ब्राह्मण जाति मात्र से ही महान देवभाव को प्राप्त हो जाता है। कुन्तीनन्दन ! सारे प्राणियों के धर्मरूपी खजाने की रक्षा करने के लिये साधारण ब्राह्मण भी समर्थ हैं, ब्राह्मण जन्म से ही धर्म की सनातन मूर्ति है। वह धर्म के लिये ही उत्पन्न हुआ है और वह ब्रह्मभाव को प्राप्त होने में समर्थ है ब्राह्मण तो अपना ही खाता, अपना ही पहनता और अपना ही देता है। दूसरे मनुष्य ब्रह्मण की दया से ही भोजन पाते हैं। अत: ब्राह्मणों का कभी अपमान नहीं करना चाहिये ; क्योंकि वे सदा ही मुझमें भक्ति रखने वाले होते हैं

27. ब्राह्मणों की निरन्तर श्रद्धा के साथ पूजा करते रहना चाहिये ब्राह्मण के समान कोई देवता नहीं है, ब्राह्मण के समान कोई गुरु नहीं है, ब्राह्मण से बढ़कर बन्धु नहीं है और ब्राह्मण से बढ़कर कोई खजाना नहीं है। कोई तीर्थ और पुण्य भी ब्राह्मण से श्रेष्ठ नही है। ब्राह्मण से बढ़कर पवित्र कोई नहीं है और ब्राह्मण से बढ़कर पवित्र करने वाला कोई नहीं है। ब्राह्मण से श्रेष्ठ कोई धर्म नहीं और ब्राह्मण से उत्तम कोई गति नहीं है। पाप कर्म के कारण नरक में गिरते हुए मनुष्य का एक सुपात्र ब्राह्मण भी उद्धार कर सकता है।

28. ब्राह्मण को दान देकर उसकी पूजा करने, सिर झुकने, सत्कार करने, बातचीत करने अथवा दर्शन करने से वह मनुष्य को दिव्य लोक में पहुंचा देता है.

29. जो ब्राह्मण ब्रह्मचर्य का विधिवत पालन करता है, उसको बीज समझना चाहिये, उसी का बीज शुभ होता है। इसी प्रकार जो कन्या पिता और माता की दृष्टि से उत्तम कुल में उत्पन्न हो, जिसकी योनि दूषित न हुई हो तथा ब्रह्म आदि उत्तम विवाहों की विधि से ब्याही गयी हो, वह उत्तम स्त्री मानी गयी है। उसी की योनि श्रेष्ठ है।

30. जो ब्राह्मण 'भू‍र्भुव: स्व:' इन व्याहृतियों के साथ गायत्री का जप करता है, वेद के स्वाध्याय में संलग्न रहता है और अपनी ही स्त्री से प्रेम करता है, वही जितेन्द्रीय, वही विद्वान् और वही इस भूमण्डल का देवता है।

पुरुषसिंह ! जो श्रेष्ठ ब्राह्मण प्रतिदिन संध्योपासन करते हैं, वे नि:संदेह ब्रह्मलोक को प्राप्त होते हैं।

31. जो ब्राह्मणों की ओर पापपूर्ण दृष्टि से देखते हैं, ब्राह्मणों के प्रति भक्ति नहीं करते, वैदिक मर्यादा का उल्लघंन करते हैं और सदा ब्राह्मणों के द्वेषी बने रहते हैं, वे जब यमलोक में पहुंचते हैं। वे जब यमलोक में जाते हैं तब लाल - लाल आंखो वाले क्रूर यमराज उन्हें पृथ्वी पर पटककर छाती पर सवार हो जाते हैं और आग में तपाये हुए संड़सों से उनकी जीभ उखाड़ लेते हैं।

32. ब्राह्मण का अपमान करने के विचार से अथवा उनको मारने की इच्छा से जो उन पर आक्रमण करते हैं, वे एक लाख वर्ष तक तामिस्त्र नरक में पकाये जाते हैं। इसलिये ब्राह्मणों के प्रति कभी अमंगल सूचक वचन न कहें, उसने रूखी और कठोर बात न बोलें तथा कभी उनका अपमान न करें।

33. जो ब्राह्मणों को फटकारते और गालियां सुनाते हैं, वे मुझे ही गाली देते और मुझे ही फटकारते हैं। इसमें कोई संशय नहीं है।

34. जो मनुष्य यहां नरक का भय न मानकर ब्राह्मणों का धन छीन लेते हैं, उन्हें गालियां सुनाते हैं और सदा मारते रहते हैं, वे जब यमपुर के मार्ग में जाते हैं, उस समय यमदूत इस तरह जकड़कर बांधते हैं कि उनका गला सूख जाता है; उनकी जीभ, आंख और नाक काट ली जाती है, उनके शरीर पर दुर्गन्धित पीब और रक्त डाला जाता है, गीदड़ उनके मांस नोंच - नोंच कर खाते हैं और क्रोध में भरे हुए भयानक चाण्डाल उन्हें चारों ओर से पीड़ा पहुंचाते हैं। इससे वे करुणायुक्त भीषण स्वर से चिल्लाते रहते हैं। यमलोक में पहुंचने पर भी उन पापियों को जीते - जी विष्ठा के कुएं में डाल दिया जाता है और वहो वे करोड़ो वर्षों तक अनेक प्रकार से पीड़ा सहते हुए कष्ट भोगते रहते हैं समयानुसार नरकयातना से छुटकारा पाने पर वे इस लोक में सौ करोड़ जन्मों तक विष्ठा के कीड़े होते हैं।

35. जो ब्राह्मणों को पवित्र दान देते रहते हैं, वे निर्मल कान्तिवाले बैल जुते हुए विमानों में बैठकर यमलोक को जाते हैं। वहां अप्सराएं उनकी सेवा करती हैं।

36. जो ब्राह्मणों को छाता, जूता, शय्या, आसन, वस्त्र और आभूषण दान करते हैं, वे सोने के छत्र लगाये उत्तम गहनों से सज - धजकर घोड़े, बैल अथवा हाथी की सवारी से धर्मराज के सुन्दर नगर में प्रवेश करते हैं।

37. जो सुगन्धित फूल और फल का दान करते हैं, वे मनुष्य हंसयुक्त विमानों के द्वारा धर्मराज के नगर में जाते हैं। जो ब्राह्मणों को घी में तैयार किये हुए भांति - भांति के पकवान दान करते हैं, वे वायु के समान वेब वाले सफेद विमानों पर बैठकर नाना प्राणियों से भरे हुए यमपुर की यात्रा करते हैं।

38. जो लोग शान्त भाव से युक्त होकर श्रोत्रिय ब्राह्मण को तिल अथवा तिल की गौ या घृत की गौ का दान करते हैं, वे सूर्य मण्डल के समान तेजस्वी निर्मल विमानों द्वारा गन्धर्वो के गीत सुनते हुए यमराज के नगर में जाते हैं। जिन्होंने इस लोक में बावड़ी, कुएं, तालाब, पोखरे, पोखरे, पोखरियां और जल से भरे हुए जलाशय बनवाये हैं, वे चन्द्रमा के समान उज्जवल और दिव्य घण्टानाद से निनादित विमानों पर बैठकर यमलोक में जाते हैं उस समय वे महात्मा नित्य तृप्त और महान् कान्तिमान् दिखायी देते हैं तथा दिव्य लोक के पुरुष उन्हें ताड़ के पंखे और चंवर डुलाया करते हैं।

39. जो ब्राह्मणों को घोड़े, बैल अथवा हाथी की सवारी दान करते हैं, वे सोने के समान विमानों द्वारा यमलोक में जाते हैं। भूमि दान करने वाले लोग समस्त कामनाओं से तृप्त होकर बैल जुते हुए सूर्य के समान तेजस्वी विमानों द्वारा उस लोक की यात्रा करते हैं। जो श्रेष्ठ ब्राह्मणों को अत्यन्त भक्तिपूर्वक सुगन्धित पदार्थ तथा पुष्प प्रदान करते हैं, वे सुगन्ध पूर्ण सन्दर वेश धारणकर उत्तम कान्ति से देदीप्यमान हो सुन्दर हार पहने हुए विचित्र विमानों पर बैठकर धर्मराज के नगर में जाते हैं। दीप - दान करने वाले पुरुष सूर्य के समान तेजस्वी विमानों से दसों दिशाओं को देदीप्यमान करते हुए साक्षात् अग्नि के समान कान्तिमान् स्वरूप से यात्रा करते हैं।

40. जिनके बनवाये हुए देव मंदिर यहां अत्यंत चित्र - विचित्र, विष्तृत, मनोहर, सुंदर और दर्शनीय रूप में शोभा पाते हैं, वे सफेद बादलों के समान कान्तिमान् एवं हवा के समान वेग वाले विमानों द्वारा नाना जनपदों से युक्त यमलोक की यात्रा करते हैं। वहां जाने पर वे यमराज को प्रसन्नचित्त और सुख पूर्वक बैठे हुए देखते हैं तथा उनके द्वारा सम्मानित होकर देव लोक के निवासी होते हैं। खड़ाऊं और जल - दान

करने वाले मनुष्य को उस मार्ग में सुख मिलता है। वे उत्तम रथ पर बैठकर सोने के पीढ़े पर पैर रखे हुए यात्रा करते हैं। जो लोग बड़े - बड़े बगीचे बनवाते और उसमें वृक्षों के पौधे रोपते हैं तथा शान्तिपूर्वक जल से सींच कर उन्हें फल - फूलों सं सुशोभित कर के बढ़ाया करते हैं, वे दिव्य वाहनों पर सवार हों आभूषणों से सज - धज कर वृक्षों की अत्यंत रमणीय एवं शीतल छाया में होकर दिव्य पुरुषों द्वारा बारंबार सम्मान पाते हुए यमलोक में जाते है।

41. जो ब्राह्मणों को पैरों में लगाने के लिये उबटन, सिर पर मलने के लिये तेल, पैर धोने के लिये जल और पीने के लिये शर्बत देते हैं, वे घोड़े पर सवार होकर यमलोक की यात्रा करते हैं। जो रास्ते के थके - मांदे दुर्बल ब्राह्मण को ठहरने की जगह देकर उन्हें आराम पहुंचाते हैं, वे चक्रवाक से जुते हुए विमान पर बैठकर यात्रा करते हैं। जो घर एवं आश्रय स्थान का दान करने वाले हैं, वे सोने के चबूतरों से युक्त और प्रातःकालीन सूर्य के समान कान्तिवाले गृहों के साथ धर्मराज के नगर में प्रवेश करते हैं।

42. जो घर पर आये हुए ब्राह्मणों को स्वागत पूर्वक आसन देकर उनकी विधिवत् पूजा करते हैं, वे उस मार्ग पर आनन्द के साथ जाते हैं। जो प्रतिदिन 'नमः सर्वसहाभ्यश्च' ऐसा कहकर गौ को नमस्कार करता है, वह यमपुर के मार्ग पर सुखपूर्वक यात्रा करता है। प्रतिदिन प्रातःकाल बिछौने से उठकर जो 'नमोस्तु विप्रदत्तायै' कहते हुए पृथ्वी पर पैर रखता है, वह सब कामनाओं से तृप्त और सब प्रकार के आभूषणों से विभूषित होकर दिव्य विमान के द्वारा सुखपूर्वक जाता है

43. सम्पूर्ण यज्ञ अन्न से ही चलते हैं। इसलिये अन्न सबसे श्रेष्ठ माना गया है। जल पीने से भूख भी शान्त हो जाती है ; प्यासे मनुष्य की प्यास अन्न से नहीं बुझती, इसलिये समझदार मनुष्य को चाहिये कि वह प्यासे को सदा पानी पिलाया करे। 'जल अग्नि की मूर्ति है, पृथ्वी की योनि (कारण) है और अमृत का उत्पत्ति स्थान है। इसलिये समस्त प्राणियोंका मूल जल है - ऐसा बुद्धिमान् पुरुषों ने कहा। 'सब प्राणी जल से पैदा होते हैं और जल से ही जीवन धारण करते हैं। इसलिये जलदान सब दानों से बढ़कर माना गया है। 'भरतश्रेष्ठ ! जो लोग ब्राह्मणों को सुपक्व अन्न दान करते हैं, वे मानों साक्षात् प्राण - दान करते हैं

44. ब्राह्मण को एक वर्ष तक अपने द्वारा धर्मपूर्वक उपार्जित अन्न का दान करता है, उसके पुण्य के फल को सुनो। 'वह एक लाख वर्ष तक बड़े सम्मान के साथ देवलोक में निवास करता है तथा वहां इच्छानुसार रूप धारण करके यथेष्ट विचरता रहता है एवं अप्सराओं का समुदाय उसका सत्कार करता है। फिर समयानुसार पुण्य क्षीण हो जाने पर वह जब वह स्वर्ग से नीचे उतरता है, तब मनुष्य लोक में ब्राह्मण होता है।

45. ब्राह्मण के जूठे किये हुए बर्तन और स्थान को मांज - धो देना, थके हुए ब्राह्मण के पैर दबाना, उसके चरण धोना, उसे रहने के लिये घर, सोने के लिये शय्या और बैठने के लिये आसन देना - इनमें से एक - एक कार्य का महत्व गोदान से बढ़कर है। 'जो मनुष्य ब्राह्मणों को पैर धोने के लिये जल, पैर में लगाने के लिये घी, दीपक, अन्न और रहने के लिये घर देते हैं, वे कभी यमलोक में नहीं जाते

46. ब्राह्मण का अतिथि सत्कार तथा भक्ति पूर्वक उसकी सेवा करने से समस्त तैंतीसों देवताओं की सेवा हो जाती है।

47. जो मनुष्य श्रोत्रिय ब्राह्मण को धान से भरे हुए खेत की भूमि दान करता है, उसके पितर महाप्रलय काल तक तृप्त रहते हैं। राजेन्द्र ! ब्राह्मण को भूमि-दान करने से सब देवता, सूर्य, शंकर और मैं - ये सभी प्रसन्न होते हैं

48. ब्राह्मण को जो चांदी दान करता है, वह सब पापों से छूटकर और सुन्दर रूप धारण करके पूर्णिमा के चन्द्रमा के प्रकाश के समान प्रकाशित विमान के द्वारा इच्छानुसार स्वर्ग लोक में महिमान्वित होता है। फिर पुण्य का क्षय होने पर समयानुसार वहां से उतरकर इस लोक में सम्पूर्ण लोगों से पूजित, धनवान, महायशस्वी और महापराक्रमी राजा होता है

49. तिल, गौ, सोना, अन्न, कन्या और पृथ्वी-इतने पदार्थ यदि ब्राह्मण को दिये जायं तो ये दाता का उद्धार कर देते हैं ब्राह्मण दूसरों को तारने में समर्थ होता है। जो ब्राह्मण मेरा भक्त, मुझमें अनुराग रखने वाला, मेरे भजन में परायण और मुझे ही कर्मफलों को अर्पण करने वाला है, वह ब्राह्मण अवश्य संसार - समुद्र से तार सकता है। जो द्वादशाक्षर मन्त्र (ऊं नमो भगवते वासुदेवाय) का तत्त्वज्ञ है, वह ब्राह्मण दूसरों का भी उद्धारकर देता है।

50. जो मनुष्य ब्राह्मण को मालाओं से विभूषित आसन प्रदान करता है, वह मणियों से चित्रित रथ के द्वारा इन्द्र लोक में जाता है। वहां इन्द्रासन पर दिव्य स्त्रियों के साथ शोभा पाता है और साठ हजार वर्षों तक अप्सरागणों के साथ क्रीड़ा करता है ब्राह्मण को विश्राम देता है, उसका एक वर्ष का किया हुआ पाप तत्काल नष्ट हो जाता है। तदनन्तर जब वह भक्ति पूर्वक उस अतिथि के दोनों चरणों को जल से पखारता है, उस समय उसके दस वर्ष के किये हुए पाप नि:संदेह नष्ट हो जाते हैं। तथा यदि वह उसके दोनों पैरों में घी या तेल मलकर उसकी पूजा करता है तो उसके बारह वर्षों के पाप तुरंत नष्ट हो जाते हैं। राजन् ! जो घर पर आये हुए ब्राह्मण का स्वागत करके उसे आसन और अभ्युत्थान देकर पूजन करता है, वह देवताओं का प्रिय होता है।

51. जो मनुष्य ब्राह्मण को सवारी दान करता है, वह रत्नों से चित्रित विमान पर बैठकर स्वर्गलोक को जाता है। सोने के दातौं का दान करने से मनुष्य मधुर भाषी होता है। उसके मुंह से सुगन्ध निकलती रहती है तथा वह लक्ष्मीवान् एवं बुद्धि और सौभाग्य से सम्पन्न होता है जो मनुष्य गुरु और ब्राह्मण की रक्षा के लिये प्राण दे डालते हैं, वे इन्द्रलोक में जाते हैं। वहां इच्छानुसार विचरने वाले सुवर्ण के बने हुए विमान पर रहकर दिव्य नारियों से सेवित हुए एक मन्वन्तर तक आनन्द का अनुभव करते हैं। देने की प्रतिज्ञा की हुई वस्तु को दान न देने से अथवा दी हुई वस्तु को छीन लेने से जन्म भर का किया हुआ सारा दान - पुण्य नष्ट हो जाता है।

52. गौ, ब्राह्मण और पीपल का वृक्ष- ये तीनों देवरूप हैं। इन्हें मेरा और भगवान् शंकर का स्वरूप समझना चाहिये। मेरे भक्त पुरुष को उचित है कि वह इन तीनों का कभी अपमान न करे.

ब्राह्मणों द्वारा किये गए कुछ महत्व पूर्ण कार्य:

ब्राह्मण वह है जो वशिष्ठ के रूप में केवल अपना एक दंड जमीन में गाड़ देता है, जिससे विश्वामित्र के समस्त अस्त्र शस्त्र चूर हो जाते हैं और विश्वामित्र लज्जित होकर कह पड़ते हैं- धिक बलं क्षत्रिय बलं, ब्रह्म तेजो बलं बलं।

एकेन ब्रह्म दण्डेन, सर्वस्त्राणि हतानि में।

विश्वामित्र कह पड़ते हैं (ब्राह्मण का तेज ही असली बल है।ब्राह्मण वशिष्ठ का एक ब्रह्म दंड मेरे समस्त अस्त्र शस्त्र को निर्वीर्य कर दिया)

ब्राह्मण वह है जो परशुराम के रूप में एक बार नहीं, 21 बार आततायी राजाओं का संहार करता है।जिसके लिए **भगवान राम भी कहते हैं-**

विप्र वंश करि यह प्रभुताई।अभय होहुँ जो तुम्हहिं डेराई।

जिनके विषय मे यह श्लोक प्रसिद्ध है-

अग्रतः चतुरो वेदाः पृष्ठतः सशरं धनुः ।इदं ब्राह्मं इदं क्षात्रं शापादपि शरादपि।।

चार वेद मौखिक हैं अर्थात् पूर्ण ज्ञान है एवं पीठपर धनुष-बाण है, अर्थात् शौर्य है, अर्थात् यहां ब्राह्मतेज एवं क्षात्रतेज, दोनों हैं। जो कोई इनका विरोध करेगा, उसे शाप देकर अथवा बाणसे परशुराम पराजित करेंगे। ऐसी उनकी विशेषता है।

ब्राह्मण वह है, जो दधीचि के रूप में अपनी हड्डियों से बज्र बनवाकर, वृत्तासुर का अंत कराता है।जब तक धरती है, इतिहास मिट नहीं सकता-

ठीक है, ये प्राण क्षण-भंगुर हमारे, किन्तु फिर भी हैं सभी को प्राण प्यारे।

मृत्यु का भय तो सभी को दाहता है, तुम बताओ कौन मरना चाहता है?

किन्तु घबराओ नहीं, मैं प्राण दूँगा, मृत्यु-भय से तर्क का आश्रय न लूँगा।

स्वार्थ है इसमें तुम्हारा जानता हूँ, किन्तु यह परमार्थ भी है, मानता हूँ।

यों तुम्हें लज्जित किया, मत मान लेना, भाव हैं सच्चे हृदय के जान लेना।

सोचता हूँ जन्म का उद्देश्य क्या है?किस लिए पैदा हुआ हूँ क्या किया है?

बहुत वर्षों साधना की, ज्ञान पाया, किन्तु लगता व्यर्थ ही जीवन गँवाया।

आज अपने पास देखी मृत्यु छाया, और सच्चे ज्ञान का आभास पाया।

विश्व, वैभव, मान-यश ले क्या करूंगा?सब मिलेगा किन्तु फिर भी तो मरूंगा।

इस लिए बलिदान तो क्या जानता हूँ, मैं इसे कर्त्तव्य-पालन मानता हूँ।

आज तुमसे माँगता क्या मान मेरा?मृत्यु ही जब बन गई वरदान मेरा।

मैं मरूंगा ताकि बाकी लोग जीवें, फिर न दानव मानवों का रक्त पीवें।

क्या पता है, मैं कहाँ को जा रहा हूँ, किन्तु अन्तिम शाँति सचमुच पा रहा हूँ।

लोक के हित को रहा है प्राण-अर्पण, आज मेरा हो गया है धन्य जीवन।

और को सुख दे रहा हूँ कष्ट सहकर, हो गए ऋषि शान्त इतनी बात कहकर।

ब्राह्मण वह है, जो चाणक्य के रूप में, अपना अपमान होने पर धनानन्द को चुनौती देकर कहता है कि अब यह शिखा तभी बँधेगी जब तुम्हारा नाश कर दूंगा और ऐसा करके ही शिखा बाँधता है।

ब्राह्मण वह है जो अर्थ शास्त्र की ऐसी पुस्तक देता है, जो आज तक अद्वितीय है।

ब्राह्मण वह है जो पुष्य मित्र शुंग के रूप में मौर्य वंश के अंतिम सम्राट बृहद्रथ को, उठाता है तलवार और स्वाहा कर देता है।

ब्राह्मण वह है जो मण्डन मिश्र के रूप में जन्म लिया और जिसके घर पर तोता भी संस्कृत में दर्शन पर वाद विवाद करते थे।अगर पता नहीं है तो यह श्लोक पढो, जो आदि शंकर के मण्डन मिश्र के घर का पता पूछने पर उनकी दासियों ने कहा था-

स्वतः प्रमाणं परतः प्रमाणं, कीरांगना यत्र गिरा गिरंति।द्वारस्थ नीण अंतर संनिरुद्धा, जानीहि तंमण्डन पंडितौकः।(जिस घर के दरवाजे पर पिंजरे में बन्द तोता भी वेद के स्वतः प्रमाण या परतः प्रमाण की चर्चा कर रहा हो, उसे ही मण्डन मिश्र का घर समझना।)

ब्राह्मण वह है जो शंकराचार्य के रूप में 32 वर्ष की उम्र तक वह सब कर जाता है, जिसकी कल्पना भी सम्भव नहीं है।अद्वैत वेदान्त, दर्शन का शिरोमणि।

ब्राह्मण वह है जो अस्त व्यस्त अनियंत्रित भाषा को व्याकरण बद्ध कर पाणिनि के रूप में अष्टाध्यायी लिख देता है।

ब्राह्मण वह है, जो पतंजलि के रूप में अश्वमेध यज्ञ कराता है और महाभाष्य लिख देता है।

जगद्गुरु श्री कृपालु जी महाराज, के रूप में सुप्रसिद्ध हिन्दू आध्यात्मिक मनगढ़ नामक ग्राम (जिला प्रतापगढ़) में जन्मे जगद्गुरु श्री कृपालु जी महाराज का पूरा नाम रामकृपालु त्रिपाठी था।महज़ 34 वर्ष की आयु में उन्हें काशी विद्वत् परिषद् की ओर से जगद्गुरु की उपाधि से विभूषित किया गया था।वे अपने प्रवचनों में समस्त वेदों, उपनिषदों, पुराणों, गीता, वेदांत सूत्रों आदि के खंड, अध्याय, आदि सहित संस्कृत मन्त्रों की संख्या क्रम तक बतलाते थे जो न केवल उनकी विलक्षण स्मरणशक्ति का द्योतक था, वरन् उनके द्वारा कण्ठस्थ सारे वेद, वेदांगों, ब्राह्मणों, आरण्यकों, श्रुतियों, स्मृतियों, विभिन्न ऋषियों और शंकराचार्य प्रभृति जदगुरुओं द्वारा विरचित टीकाओं आदि पर उनके अधिकार और अद्भुत ज्ञान को भी दर्शाता था

कृति और स्थापना

भक्ति मंदिर, मनगढ

भक्ति मंदिर, जिसका अर्थ है «भक्ति का निवास», जगद्गुरु श्री कृपालु जी महाराज द्वारा मनगढ़, कुंडा, भारत के गांव में स्थापित एक दिव्य मंदिर है। 108 फीट लंबे और गुलाबी बलुआ पत्थर, सफेद संगमरमर और काले ग्रेनाइट से निर्मित भक्ति मंदिर की आधारशिला 26 अक्टूबर 1996 को रखी गई थी और नवंबर 2005 में इसका उद्घाटन किया गया था।

प्रेम मन्दिर, वृन्दावन कृपालुजी की जीवन्त कल्पना:

भगवान कृष्ण और राधा के मन्दिर के रूप में बनवाया गया प्रेम मन्दिर कृपालु महाराज की ही अवधारणा का परिणाम है। भारत में मथुरा के समीप वृंदावन में स्थित इस मन्दिर के निर्माण में 11 वर्ष का समय और लगभग सौ करोड़ रुपए खर्च हुए थे। इटैलियन संगमरमर का प्रयोग करते हुए इसे राजस्थान और उत्तर प्रदेश के एक हजार शिल्पकारों ने तैयार किया। इस मन्दिर का शिलान्यास स्वयं कृपालुजी ने ही किया था। मन्दिर वास्तुकला के माध्यम से दिव्य प्रेम को साकार करता है। मन्दिर की बाहरी दीवारों को राधा-कृष्ण की लीलाओं से सजाया गया है। मन्दिर में कुल 94 स्तम्भ हैं जो राधा-कृष्ण की विभिन्न लीलाओं से सजाये गये हैं।ऐसी महान बिभूती को सत नमन

ब्राह्मण वह है जो तुलसी के रूप में ऐसा महाकाव्य श्री राम चरित मानस, लिख देता है, जो जन जन की गीता बन जाती है।

और बताऊँ ब्राह्मण कौन है?

परम पूज्य पंडित धीरेंद्र कृष्ण शास्त्री (धीरेन्द्र शुक्ला), (बागेश्वर धाम सरकार) के नाम से जाने जाते है महज २६ बर्ष की उम्र में कथावाचक (कथा वाचक) आध्यात्मिक हिंदू नेता हैं बागेश्वर धाम महाराज के नाम से लोकप्रिय हैं। शास्त्री भारत के मध्य प्रदेश राज्य के छतरपुर जिले के ग्राम गढ़ा के प्रसिद्ध धार्मिक तीर्थ स्थल बागेश्वर धाम सरकार के पीठाधीश्वर हैं। ऐसी बिभीति को भी सत सत नमन

अभयचरणारविंद भक्तिवेदांत स्वामी प्रभुपाद (1 सितम्बर 1896 - 14 नवम्बर 1977) जिन्हें स्वामी श्रील भक्तिवेदांत प्रभुपाद के नाम से भी जाना जाता है, सनातन हिन्दू धर्म के एक प्रसिद्ध गौडीय वैष्णव गुरु तथा धर्मप्रचारक थे। आज संपूर्ण विश्व की हिन्दु धर्म भगवान श्री कृष्ण और श्रीमदभगवतगीता में जो आस्था है आज समस्त विश्व के करोड़ों लोग जो सनातन धर्म के अनुयायी बने हैं उसका

श्रेय जाता है ये भक्तिसिद्धांत ठाकुर सरस्वती के शिष्य थे जिन्होंने इनको अंग्रेज़ी भाषा के माध्यम से वैदिक ज्ञान के प्रसार के लिए प्रेरित और उत्साहित किया। इन्होने इस्कॉन (इस्कॉन) की स्थापना की और कई वैष्णव धार्मिक ग्रंथों का प्रकाशन और संपादन स्वयं किया।

ब्राह्मण है वह नारायण, जिसने महाराणा प्रताप व उनके भाई शक्ति सिंह के मध्य युद्ध को रोकने के लिए, उनके समक्ष चाकू से अपनी ही हत्या कर दिया था।पता नहीं है तो श्याम नारायन पांडेय का महाकाव्य हल्दी घाटी, प्रथम सर्ग की ये पंक्तियां पढ़ो-

उठा लिया विकराल छुरा सीने में मारा ब्राह्मण ने।

उन दोनों के बीच बहा दी शोणित-धारा ब्राह्मण ने।।

वन का तन रँग दिया रूधिर से दिखा दिया, है त्याग यही।

निज स्वामी के प्राणों की रक्षा का है अनुराग यही॥

ब्राह्मण था वह ब्राह्मण था,हित राजवंश का सदा किया।

निज स्वामी का नमक हृदय का रक्त बहाकर अदा किया॥

ब्राह्मण वह है जो श्याम नारायण पांडेय के रूप में जन्म लेकर, हल्दी घाटी, जौहर, जैसे हिंदी के महाकाव्य लिख डाले, जो अपनी दार्शनिकता व वीर रस के कारण अमर है।थोड़ा परिश्रम करो और जौहर के मंगलाचरण की प्रारंभिक पंक्तियाँ ही पढ़ लो, बुद्धि ठीक हो जाएगी-

गगन के उस पार क्या, पाताल के इस पार क्या है?

क्या क्षितिज के पार? जग जिस पर थमा आधार क्या है?

दीप तारों के जलाकर कौन नित करता दिवाली?

चाँद - सूरज घूम किसकी आरती करते निराली?

ब्राह्मण वह है जो सूर्य कांत त्रिपाठी के रूप में अवतरित हुआ और अपने साहित्य के निरालेपन, जीवन के अक्खड़पन से निराला बन गया।अमर है निराला की राम की शक्ति पूजा-

बोले विश्वस्त कण्ठ से जाम्बवान-»रघुवर, विचलित होने का नहीं देखता मैं कारण, हे पुरुषसिंह, तुम भी यह शक्ति करो धारण, आराधन का दृढ़ आराधन से दो उत्तर,

तुम वरो विजय संयत प्राणों से प्राणों पर।रावण अशुद्ध होकर भी यदि कर सकता त्रस्त

तो निश्चय तुम हो सिद्ध करोगे उसे ध्वस्त, शक्ति की करो मौलिक कल्पना, करो पूजन।

धिक् जीवन को जो पाता ही आया विरोध, धिक् साधन जिसके लिए सदा ही किया शोध

जानकी! हाय उद्धार प्रिया का हो न सका, वह एक और मन रहा राम का जो न थका,

जो नहीं जानता दैन्य, नहीं जानता विनय, कर गया भेद वह मायावरण प्राप्त कर जय,

ब्राह्मण को समझना चाहते हो तो अटल विहारी वाजपेयी के धाराप्रवाह भाषण को सुनिए।भारत रग रग में भर जाएगा।यह भी न हो सके तो सिर्फ ये पंक्तियां पढ़ लीजिये जनाब-

भारत जमीन का टुकड़ा नहीं, जीता जागता राष्ट्रपुरुष है।

हिमालय मस्तक है, कश्मीर किरीट है, पंजाब और बंगाल दो विशाल कंधे हैं।

पूर्वी और पश्चिमी घाट दो विशाल जंघायें हैं। कन्याकुमारी इसके चरण हैं, सागर इसके पग पखारता है।यह चन्दन की भूमि है, अभिनन्दन की भूमि है, यह तर्पण की भूमि है, यह अर्पण की भूमि है।इसका कंकर-कंकर शंकर है, इसका बिन्दु-बिन्दु गंगाजल है।हम जियेंगे तो इसके लिये मरेंगे तो इसके लिये।आग्नेय परीक्षा की इस घड़ी में—आइए, अर्जुन की तरह उद्घोष करें :"न दैन्यं न पलायनम्।'

ब्राह्मण ने तो भगवान को भी अश्रु बहाने को बाध्य कर दिया था।याद है गरीब ब्राह्मण सुदामा कृष्ण की मित्रता।

महाकवि नरोत्तम दास के शब्दों में-

ऐसे बेहाल बेवाइन सों पग, कंटक-जाल लगे पुनि जोये।

हाय! महादुख पायो सखा तुम, आये इतै न कितै दिन खोये॥

देखि सुदामा की दीन दसा, करुना करिके करुनानिधि रोये।

पानी परात को हाथ छुयो नहिं, नैनन के जल सौं पग धोये।

ब्राह्मण प्रज्ञा चक्षु होता है, प्रज्ञाचक्षु।बिना आंख के असम्भव को संभव बना देता है।मूर्खों को यह समझ मे नहीं आएगा।जाकर वर्तमान में **स्वामी राम भद्राचार्य अर्थात गिरिधर मिश्र जी को चित्र कूट** में देखिए।02 माह के थे, जब आंख की रोशनी चली गयी।अब तक 100 से ज्यादा ग्रंथों के लेखक, 22 भाषाओं के ज्ञाता, संस्कृत में दो महाकाव्य-श्री भार्गव राघवीयम और गीत रामायनम।हिंदी में दो महाकाव्य-अष्टावक्र और अरुंधती।

प्रकृति के सुकुमार **कवि, श्री सुमित्रा नन्दन पन्त जी** को क्यों विस्मृत करें।कुछ तो है ब्राह्मण रक्त में जरूर।देखिए पन्त जी की उदार विश्व कल्याण की वाणी-

तप रे, मधुर मन! विश्व-वेदना में तप प्रतिपल, जग-जीवन की ज्वाला में गल, बन अकलुष, उज्जवल औ\' कोमल तप रे, विधुर-विधुर मन!अपने सजल-स्वर्ण से पावन रच जीवन की पूर्ति पूर्णतम

स्थापित कर जग अपनापन, ढल रे, ढल आतुर मन!तेरी मधुर मुक्ति ही बन्धन, गंध-हीन तू गंध-युक्त बन,

निज अरूप में भर स्वरूप, मनमूर्तिमान बन निर्धन! गल रे, गल निष्ठुर मन।

ब्राह्मण कभी भी निम्न चिंतन करता ही नहीं है।वह हमेशा सत्य, न्याय, धर्म, सदाचार, देश प्रेम की बात करता है।**राम नरेश त्रिपाठी** जी की इस कविता से यह बात प्रमाणित हो जाती है-

हे प्रभु आनंद-दाता हे प्रभु आनंद-दाता ज्ञान हमको दीजिये,

शीघ्र सारे दुर्गुणों को दूर हमसे कीजिए, लीजिये हमको शरण में, हम सदाचारी बनें,

ब्रह्मचारी धर्म-रक्षक वीर व्रत धारी बनें, निंदा किसी की हम किसी से भूल कर भी न करें,

ईर्ष्या कभी भी हम किसी से भूल कर भी न करें, सत्य बोलें, झूठ त्यागें, मेल आपस में करें,

दिव्या जीवन हो हमारा, यश तेरा गाया करें, जाये हमारी आयु हे प्रभु लोक के उपकार में,

हाथ डालें हम कभी न भूल कर अपकार में, कीजिए हम पर कृपा ऐसी हे परमात्मा,

मोह मद मत्सर रहित होवे हमारी आत्मा, प्रेम से हम गुरु जनों की नित्य ही सेवा करें,

प्रेम से हम संस्कृति की नित्य ही सेवा करें, योग विद्या ब्रह्म विद्या हो अधिक प्यारी हमें,

ब्रह्म निष्ठा प्राप्त कर के सर्व हितकारी बनें, हे प्रभु आनंद-दाता ज्ञान हमको दीजिये।

ब्राह्मण की तो इतनी लंबी श्रृंखला है।आशा, उत्साह, त्याग, गति, यही सब तो ब्राह्मण की पूंजी है।देखिए **बाल कृष्ण शर्मा नवीन की यह रचना-**

कौन कहता है की तुमको खा सकेगा काल ?अरे? तुम हो काल के भी काल अति विकराल

काल का तब धनुष, दिक् की है धनुष की डोर;धनु-विकंपन से सिहरती सृजन-नाश-हिलोर!

तुम प्रबल दिक्-काल-धनु-धारी सुधन्वा वीर;तुम चलाते हो सदा चिर चेतना के तीर!

चिर विजय दासी तुम्हारी, तुम जयी उद्बुद्ध, क्यों बनो हट आश तुम, लख मार्ग निज अवरुद्ध?

फूँक से तुमने उड़ाई भूधरों की पाँत;और तुमने खींच फेंके काल के भी दाँत;

क्या करेगा यह बिचारा तनिक सा अवरोध?जानता है जग तुम्हारा है भयंकर क्रोध!

जब करोगे क्रोध तुम, तब आएगा भूडोल, काँप उठेंगे सभी भूगोल और खगोल,

नाश की लपटें उठेंगी गगन-मंडल बीच;भस्म होंगी ये असामाजिक प्रथाएँ नीच!

औ पधारेगा सृजन कर अग्नि से सुस्नान;मत बनो गत आश! तुम हो चिर अनंत महान!

राम विलास शर्मा का नाम तो सबने सुना ही है।ब्राह्मण कुल मणि शर्मा जी ने लगभग 100 पुस्तकें लिखा। राम विलास शर्मा की प्रसिद्ध रचना-कवि।

वह सहज विलम्बित मंथर गति जिसको निहार गजराज लाज से राह छोड़ दे एक बार,

काले लहराते बाल देव-सा तन विशाल, आर्यों का गर्वोन्नत प्रशस्त, अविनीत भाल,

झंकृत करती थी जिसकी वीणा में अमोल,

एक और ब्राह्मण, श्री धर पाठक, क्या अनुभूति है, क्या ज्ञान है, क्या शब्द है।एक बात तो माननी ही होगी कि ब्राह्मण हमेशा उदात्त भाव प्रेमी ही होता है,

भारत हमारा कैसा सुंदर सुहा रहा है शुचि भाल पै हिमाचल, चरणों पै सिंधु-अंचल

उर पर विशाल-सरिता-सित-हीर-हार-चंचल मणि-बद्धनील-नभ का विस्तीर्ण-पट अचंचल

सारा सुदृश्य-वैभव मन को लुभा रहा है भारत हमारा कैसा सुंदर सुहा रहा है

हे वंदनीय भारत, **अभिनंदनीय** भारत है न्याय-बंधु, निर्भय, निर्बंधनीय भारत

मम प्रेम-पाणि-पल्लव-अवलंबनीय भारत मेरा ममत्व सारा तुझमें समा रहा है

भारत हमारा कैसा सुंदर सुहा रहा है श्री धर पाठक, हिन्द महिमा

।जय, जयति-जयति प्राचीन हिंद।जय नगर, ग्राम अभिराम हिंद ।जय, जयति-जयति सुख-धाम हिंद।

जय, सरसिज-मधुकर निकट हिंद जय जयति हिमालय-शिखर-हिंद जय जयति विंध्य-कन्दरा हिंद

जय मलयज-मेरु-मंदरा हिंद। जय शैल-सुता सुरसरी हिंद जय यमुना-गोदावरी हिंद

जय जयति सदा स्वाधीन हिंद जय, जयति-जयति प्राचीन हिंद।

ब्राह्मण वह है जो गाय का मांस नहीं खाता है, बल्कि इसे मात्र मुंह से लगाने का आदेश देने पर, **मंगल पांडेय** के रूप में, तत्काल अपने अधिकारी को गोली मार देता है और 1857 की क्रांति का नायक बन जाता है।मरे हुओं में प्राण फूंक देता है।

ब्राह्मण वह है जो **बंकिम चन्द्र चटर्जी** के रूप में धरती पर आता है और गुलामी की जंजीरों से खिन्न होकर, वेद के पृथ्वी सूक्त का नया संस्करण, वन्दे मातरम के रूप में देकर क्रांति का नायक बन जाता है।देखिए आनन्द मठ के सन्यासी **स्वामी भवानन्द का क्रांति गीत-**

वंदे मातरम् ।सुजलां सुफलां मलयजशीतलाम् शस्यश्यामलां मातरम् ।वन्दे मातरम्। शुभ्रज्योत्स्नापुलकितयामिनीं, फुल्लकुसुमितद्रुमदलशोभिनीं, सुहासिनीं सुमधुर भाषिणीं,

सुखदां वरदां मातरम् ॥वंदे मातरम्।

कोटि-कोटि-कण्ठ-कल-कल-निनाद-कराले, कोटि-कोटि-भुजैधृत-खरकरवाले, अबला केन मा एत बले। बहुबलधारिणीं नमामि तारिणीं रिपुदलवारिणीं मातरम् ॥वंदे मातरम् ।तुमि विद्या, तुमि धर्म, तुमि हृदि, तुमि मर्म, त्वं हि प्राणाः शरीरे, बाहुते तुमि मा शक्ति, हृदये तुमि मा भक्ति,

तोमारई प्रतिमा गडि मन्दिरे-मन्दिरे मातरम् ॥वंदे मातरम् ।त्वं हि दुर्गा दशप्रहरणधारिणी,

कमला कमलदलविहारिणी, वाणी विद्यादायिनी, नमामि त्वाम्

कमलां अमलां अतुलां सुजलां सुफलां मातरम् ॥वंदे मातरम्।

श्यामलां सरलां सुस्मितां भूषितां धरणीं भरणीं मातरम् ॥वंदे मातरम्।

और बताऊँ ब्राह्मण क्या होता है?

ब्राह्मण होता है बाजीराव पेशवा, जो शिखा धारण करता है, चंदन लगाता है और विशाल मुस्लिम साम्राज्य को अपनी लपलपाती तलवार से काट डालता है।जीवन मे लगभग 41 युद्ध लड़ता है और कोई भी हारता नहीं है।विषम परिस्थितियों में भी कहता है-

चीते की चाल, बाज की नजर और बाजीराव की तलवार पर संदेह नहीं करते.

अरे, मैं तो कुछ भूल ही गया था।ब्राह्मण होता है प्रचेता ऋषि का पुत्र महर्षि वाल्मीकि, जो क्रौंच पक्षी की हत्या से ऐसा विक्षुब्ध होता है कि संस्कृत का पहला महाकाव्य रामायण लिख देता है और ऐसी बुद्धि का प्रयोग करता है कि आज तक विद्वान इसी ग्रन्थ से रक्त, अस्थि, मज़्ज़ा प्राप्त करते हैं।

ब्राह्मण होता है **बाल गंगाधर तिलक,** जो उस समय निडर हो कर उद्घोष करता है-स्वतंत्रता हमारा जन्म सिद्ध अधिकार है और हम इसे लेकर रहेंगे, ।वेलेंटाइन शिरोल ने जिसे कहा था- ब्राह्मण फादर आफ इंडियन अनरेस्ट।

ब्राह्मण होती है **झांसी की रानी लक्ष्मी बाई,** जिसके सन 1857 की गाथा को याद कर सुभद्रा कुमारी चौहान को लिखना पड़ जाता है-चमक उठी सन सत्तावन में, वह तलवार पुरानी थी।

खूब लड़ी मर्दानी वह तो, झांसी वाली रानी थी।

अरे रुको, रुको, अभी जाना मत।अभी कुछ और लिखने वाला हूँ।ब्राह्मण क्या है, इसे **वीर सावरकर** के इस कथन में -काल स्वयं मुझसे डरा है, मैं काल से नहीं।काले पानी का कालकूट पीकर,

काल से कराल स्तंभों को झकझोर कर, मैं बार बार लौट आया हूँ,

और फिर भी मैं जीवित हूँ।हारी मृत्यु है, मैं नहीं।

ब्राह्मण न धर्म, न जाति में बंधा इंसान है, ब्राह्मण मनुष्य के रूप में साक्षात भगवान है।

अब इस लेख को और नहीं बढ़ाना चाहता।इसका समापन अब मैं करता हूँ आखिर में भी तो ब्राह्मण हूँ और मुझे ब्राह्मण होने पर गर्व है। ब्राह्मण इस पृथ्वी के साक्षात देवता हैं, इसलिए भूल से भी कभी उनका अनादर ना करें |

यही बात भगवान श्रीकृष्ण दशम स्कंध में अपने पुत्रों को समझाते हुए कहते हैं कि बेटा एक बात का ध्यान रखना भूल से भी कभी ब्राह्मणों का अपमान मत करना, उनसे द्वेष मत करना, अगर ब्राम्हण आपसे कुछ अपशब्द बोल भी दे तो आप उसे सहन करना क्योंकि ब्राह्मणों से वैर मोल लेना बहुत घातक सिद्ध होता है |

आप समझिए एक बार आप कालकूट जहर पीलें वह ठीक है, लेकिन ब्राह्मणों से द्वेष कभी ना करें, क्योंकि कालकूट जहर केवल उसी जीव को मारेगा जो उसे ग्रहण करेगा पिएगा, लेकिन ब्राह्मण से द्वेष करने वाले जीव का कुल समूल जलकर नष्ट हो जाता है |

ब्राह्मण के बारे में परिचय और उनके संस्कार:

असतो मा सदगमय ॥ तमसो मा ज्योतिर्गमय ॥ मृत्योर्मामृतम् गमय ॥

अर्थ: हमको -असत्य से सत्य की ओर ले चलो। अंधकार से प्रकाश की ओर ले चलो। मृत्यु से अमरता की ओर ले चलो.

ब्राह्मण समाज का इतिहास भारत के वैदिक धर्म से आरंभ होता है। भारत का मुख्य आधार ही ब्राह्मणो से शुरू होता है। ब्राह्मण नरम व्यवहार के होते है | ब्राह्मण व्यवहार का मुख्य स्रोत वेद हैं। ब्राह्मण समय के अनुसार अपने आप को बदलने में सक्षम होते है। ब्राह्मणो का भारत की आज़ादी में भी बहुत योगदान रहा है ब्राह्मणो के सभी सम्प्रदाय वेदों से प्रेरणा लेते हैं। पारंपरिक तौर पर यह विश्वास है कि वेद अपौरुषेय (किसी मानव/देवता ने नहीं लिखे) तथा अनादि हैं, बल्कि अनादि सत्य का प्राकट्य है जिनकी वैधता शाश्वत है। वेदों को श्रुति माना जाता है

ब्राह्मण मांस शराब का सेवन जो धर्म के विरुद्ध हो वो काम नहीं करते हैं। ब्राह्मण सनातन धर्म के नियमों का पालन करते हैं। जैसे वेदों का आज्ञापालन, यह विश्वास कि मोक्ष तथा अन्तिम सत्य की प्राप्ति के अनेक माध्यम हैं, यह कि ईश्वर एक है किन्तु उनके गुणगान तथा पूजन हेतु अनगिनत नाम तथा स्वरूप हैं जिनका कारण है हमारे अनुभव, संस्कृति तथा भाषाओं में विविधताएं। ब्राह्मण सर्वजनासुखिनो

भवन्तु (सभी जन सुखी तथा समृद्ध हों) एवं वसुधैव कुटुम्बकम (सारी वसुधा एक परिवार है) में विश्वास रखते हैं। सामान्यत: ब्राह्मण केवल शाकाहारी होते हैं

(इसका उत्तर देते हुए उपनिषत्कार कहते हैं) -

जो आत्मा के द्वैत भाव से युक्त ना हो; जाति गुण और क्रिया से भी युक्त ण हो; षड उर्मियों और षडभावों आदि समस्त दोषों से मुक्त हो; सत्य, ज्ञान, आनंद स्वरुप, स्वयं निर्विकल्प स्थिति में रहने वाला, अशेष कल्पों का आधार रूप, समस्त प्राणियों के अंतस में निवास करने वाला, अन्दर-बाहर आकाशवत संव्याप्त ; अखंड आनंद्वान, अप्रमेय, अनुभवगम्य, अप्रत्येक्ष भासित होने वाले आत्मा का करतल आमलकवत परोक्ष का भी साक्षात्कार करने वाला; काम-रागद्वेष आदि दोषों से रहित होकर कृतार्थ हो जाने वाला ; शम-दम आदि से संपन्न ; मात्सर्य, तृष्णा, आशा, मोह आदि भावों से रहित; दंभ, अहंकार आदि दोषों से चित्त को सर्वथा अलग रखने वाला हो, वही ब्राह्मण है; ऐसा श्रुति, स्मृति-पूरण और इतिहास का अभिप्राय है ! इस (अभिप्राय) के अतिरिक्त एनी किसी भी प्रकार से ब्राह्मणत्व सिद्ध नहीं हो सकता ! आत्मा सैट-चित और आनंद स्वरुप तथा अद्वितीय है ! इस प्रकार ब्रह्मभाव से संपन्न मनुष्यों को ही ब्राह्मण माना जा सकता है ! यही उपनिषद का मत है !

✴ कौन है असली ब्राह्मण

पूर्वकाल में ब्राह्मण होने के लिए शिक्षा, दीक्षा और कठिन तप करना होता था। इसके बाद ही उसे ब्राह्मण कहा जाता था। गुरुकुल की अब वह परंपरा नहीं रही। जिन लोगों ने ब्राह्मणत्व अपने प्रयासों से हासिल किया था उनके कुल में जन्मे लोग ही ब्राह्मण कहलाये।

किसे ब्राह्मण कहलाने का हक...

ब्रह्म सत्य, जगत मिथ्या :

जो ब्रह्म (ईश्वर) को छोड़कर किसी अन्य को नहीं पूजता वह ब्राह्मण। ब्रह्म को जानने वाला ब्राह्मण कहलाता है।

न जटाहि न गोत्तेहि न जच्चा होति ब्राह्मणो।यम्हि सच्चं च धम्मो च सो सुची सो च ब्राह्मणो॥

अर्थात : भगवान बुद्ध कहते हैं कि ब्राह्मण जन्म से। जिसमें सत्य है, धर्म है और जो पवित्र है, वही ब्राह्मण है।

तसपाणे वियाणेत्ता संगहेण य थावरे।जो न हिंसइ तिविहेण तं वयं बूम माहणं॥

अर्थात : महावीर स्वामी कहते हैं कि जो इस बात को जानता है कि कौन प्राणी त्रस है, कौन स्थावर है। और मन, वचन और काया से किसी भी जीव की हिंसा नहीं करता, उसी को हम ब्राह्मण कहते हैं।

✴ जाति के आधार के कथित ब्राह्मण के प्रकार...

जाति के आधार पर तथाकथित ब्राह्मणों के हजारों प्रकार हैं। उत्तर भारतीय ब्राह्मणों के प्रकार अलग तो दक्षिण भारतीय ब्राह्मणों के अलग प्रकार। लेकिन हम यहां जाति के आधार के प्रकार की बात नहीं कर रहे हैं।

उत्तर भारत में जहां सारस्वत, सरयुपारि, गुर्जर गौड़, सनाठ्य, औदिच्य, पराशर आदि ब्राह्मण मिल जाएंगे तो दक्षिण भारत में ब्राह्मणों के तीन संप्रदाय हैं- स्मर्त संप्रदाय, श्रीवैष्णव संप्रदाय तथा माधव संप्रदाय। इनके हजारों उप संप्रदाय हैं।

पुराणों के अनुसार पहले विष्णु के नाभि कमल से ब्रह्मा हुए, ब्रह्मा का ब्रह्मर्षिनाम करके एक पुत्र था। उस पुत्र के वंश में पारब्रह्म नामक पुत्र हुआ, उससे कृपाचार्य हुए, कृपाचार्य के दो पुत्र हुए, उनका छोटा पुत्र शक्ति था। शक्ति के पांच पुत्र हुए। उसमें से प्रथम पुत्र पाराशर से पारीक समाज बना, दूसरे पुत्र सारस्वत के सारस्वत समाजा, तीसरे ग्वाला ऋषि से गौड़ समाजा, चौथे पुत्र गौतम से गुर्जर गौड़ समाजा, पांचवें पुत्र शृंगी से उनके वंश शिखवाल समाजा, छठे पुत्र दाधीच से दायमा या दाधीच समाज बना।...इस तरह पुराणों में हजारों प्रकार मिल जाएंगे।

इसके अलावा माना जाता है कि सप्तऋषियों की संतानें हैं ब्राह्मण। जैन धर्म के ग्रंथों को पढ़ें तो वहां ब्राह्मणों की उत्पत्ति का वर्णन अलग मिल जाएगा। बौद्धों के धर्मग्रंथ पढ़ें तो वहां अलग वर्णन है। लेकिन सबसे उत्तम तो वेद और स्मृतियों में ही मिलता है।

मात्र : ऐसे ब्राह्मण जो जाति से ब्राह्मण हैं लेकिन वे कर्म से ब्राह्मण नहीं हैं उन्हें मात्र कहा गया है।

2. **ब्राह्मण:** ईश्वरवादी, वेदपाठी, ब्रह्मगामी, सरल, एकांतप्रिय, सत्यवादी और बुद्धि से जो दृढ़ हैं, वे ब्राह्मण कहे गए हैं। तरह-तरह की पूजा-पाठ आदि पुराणिकों के कर्म को छोड़कर जो वेदसम्मत आचरण करता है वह ब्राह्मण कहा गया है।

3. **श्रोत्रिय :** स्मृति अनुसार जो वेद की किसी एक शाखा को कल्प और छहों अंगों सहित पढ़कर ब्राह्मणोचित 6 कर्मों में संलग्न रहता है, वह 'श्रोत्रिय' कहलाता है।

4. **अनुचान :** कोई भी व्यक्ति वेदों और वेदांगों का तत्वज्ञ, पापरहित, शुद्ध चित्त, श्रेष्ठ, श्रोत्रिय विद्यार्थियों को पढ़ाने वाला और विद्वान है, वह 'अनुचान' माना गया है।

5. **भ्रूण :** अनुचान के समस्त गुणों से युक्त होकर केवल यज्ञ और स्वाध्याय में ही संलग्न रहता है, ऐसे इंद्रिय संयम व्यक्ति को भ्रूण कहा गया है।

6. **ऋषिकल्प :** जो सभी वेदों, स्मृतियों और लौकिक विषयों का ज्ञान प्राप्त कर मन और इंद्रियों को वश में करके आश्रम में सदा ब्रह्मचर्य का पालन करते हुए निवास करता है उसे ऋषिकल्प कहा जाता है।

7. **ऋषि :** ऐसे व्यक्ति तो सम्यक आहार, विहार आदि करते हुए ब्रह्मचारी रहकर संशय और संदेह से परे हैं और जिसके श्राप और अनुग्रह फलित होने लगे हैं उस सत्यप्रतिज्ञ और समर्थ व्यक्ति को ऋषि कहा गया है।

8. **मुनि :** जो निवृत्ति मार्ग में स्थित, संपूर्ण तत्वों का ज्ञाता, ध्याननिष्ठ, जितेन्द्रिय तथा सिद्ध है ऐसे ब्राह्मण को 'मुनि' कहते हैं।

✳ "निरुक्त शास्त्र" के प्रणेता यास्क मुनि इसीलिए कहते हैं

जन्मना जायते शूद्रः संस्कारात् भवेत द्विजः।वेद पाठात् भवेत् विप्रःब्रह्म जानातीति ब्राह्मणः।।

अर्थात - व्यक्ति जन्मतः शूद्र है। संस्कार से वह द्विज बन सकता है। वेदों के पठन-पाठन से विप्र हो सकता है। किंतु जो ब्रह्म को जान ले, वही ब्राह्मण कहलाने का सच्चा अधिकारी है।

(स्कन्द पुराण०, नागर खण्ड अ० २३९ श्लो० ३१). के अंतर्गत भी यही तथ्य हैं

विद्या तपश्च योनिश्च एतद् ब्राह्मणकारकम्।

अर्थात- "विद्या, तप और ब्राह्मण-ब्राह्मणी से जन्म ये तीन बातें जिसमें पाई जायँ वही पक्का ब्राह्मण है,

महर्षि याज्ञवल्क्य व पराशर व वशिष्ठ के अनुसार

"जो निष्कारण (कुछ भी मिले ऐसी आसक्ति का त्याग कर के) वेदों के अध्ययन में व्यस्त है और वैदिक विचार संरक्षण और संवर्धन हेतु सक्रीय है वही ब्राह्मण हे।"

(सन्दर्भ ग्रन्थ - शतपथ ब्राह्मण, ऋग्वेद मंडल १०., पराशर स्मृति)

✳ भगवद गीता में श्री कृष्ण के अनुसार

★ "शम, दम, करुणा, प्रेम, शील(चारित्र्यवान), निस्पृही जेसे गुणों का स्वामी ही ब्राह्मण है

★ -जगद्गुरु शंकराचार्य के अनुसार

"ब्राह्मण वही है जो "पुंस्त्व" से युक्त है. जो "मुमुक्षु" है. जिसका मुख्य ध्येय वैदिक विचारों का संवर्धन है. जो सरल है. जो नीतिवान है, वेदों पर प्रेम रखता है, जो तेजस्वी है, ज्ञानी है, जिसका मुख्य व्यवसाय वेदोका अध्ययन और अध्यापन कार्य है, वेदों/उपनिषदों/दर्शन शास्त्रों का संवर्धन करने वाला ही ब्राह्मण है"

(सन्दर्भ ग्रन्थ - शंकराचार्य विरचित विवेक चूड़ामणि, सर्व वेदांत सिद्धांत सार संग्रह, आत्मा-अनात्मा विवेक)मित्रों, ब्राह्मण की यह कल्पना व्यावहारिक है कि नहीं यह अलग विषय है किन्तु भारतीय सनातन संस्कृति के हमारे पूर्वजो व ऋषियो ने ब्राह्मण की जो व्याख्या दी है उसमे काल के अनुसार परिवर्तन करना हमारी मूर्खता मात्र होगी अतः आओ हम हमारे कर्म और संस्कार तरफ वापस बढे.

नहुष:--

चातुर्वण्र्य प्रमाण च सत्य च ब्रह्म चैव हि |शूद्रेष्वपि य सत्य च दानमक्रोध एव च।।

आनृशस्यमहिंसा च घृणा चैव युधिष्ठिर |

रुद्रयामल में आया है कि अनेक जन्मो की पुण्यराशी से मनुष्य दीक्षित होता है, उस पर भी अनेक पुण्यो का उदय होने पर शिव और विष्णु में परायण होता है |

अनेकजन्मपुण्यौघैर्दीक्षितो जायते नर: |तत्राप्यनेकपुण्येन शिवविष्णुपरायण:।।

रुद्राध्याय में लिखा है कि जिस ब्राह्मण ने दीक्षा पाइ है वह अमृतमय ब्रह्मलोक को पहुचता है, वैश्य प्रजापतिलोक को पहुचता है और दीक्षा के फल से शूद्र गन्थर्वलोक को पहुचता है |

दीक्षितो ब्राह्मणों याति ब्रह्मलोक सुधामयम् |ऐन्द्र लोक क्षत्रियोऽपि प्राजापत्यं विशस्तथा।।

याति गन्धर्वनगरं शुद्रो दीक्षाप्रसादत: | रुद्रयामले

वैष्णवतन्त्र ने लिखा है:----

यथा काञ्जनतां याति कास्य रसविधानत: |तथा दीक्षाविधानेन व्दिजत्त्व जायते नृणाम्।।

जैसा कासे पर रस का प्रयोग करने से वः सोना हो जाता है, वैसा ही दीक्षा लेने से मनुष्य विदजत्त्व को प्राप्त करता है।

ब्राह्मण बायो संस्कृत में:

देवाधीनाजगत्सर्व मन्त्राधीनाश्च देवता:।ते मन्त्रा: ब्राह्मणाधीना:तस्माद् ब्राह्मण देवता।।

ॐ पुराणकथको नित्यं, धर्माख्यानस्य सन्तति:।अस्यैव दर्शनान्नित्यं, अश्वमेधादिजं फलम्।।

विद्याविनयसंपन्ने ब्राह्मणे गवि हस्तिनि।शुनि चैव श्वपाके च पण्डिताः समदर्शिनः।।

देवाधीनाजगत्सर्व मन्त्राधीनाश्च देवता:।ते मन्त्रा: ब्राह्मणाधीना:तस्माद् ब्राह्मण देवता।।

ॐ नमो ब्रम्हण्यदेवाय, गोब्राम्हणहिताय च।जगद्धिताय कृष्णाय, गोविन्दाय नमोनमः।।

ॐ जन्मना ब्राह्मणो, ज्ञेय:संस्कारैर्द्विज उच्चते।विद्यया याति विप्रत्वं, त्रिभि:श्रोत्रिय लक्षणम्।।

पृथिव्यां यानी तीर्थानि तानी तीर्थानि सागरे ।सागरे सर्वतीर्थानि पादे विप्रस्य दक्षिणे।।

चैत्रमाहात्मये तीर्थानि दक्षिणे पादे वेदास्तन्मुखमाश्रिताः ।सर्वाङ्गेष्वाश्रिता देवाः पूजितास्ते तदर्चया।।

अव्यक्त रूपिणो विष्णोः स्वरूपं ब्राह्मणा भुवि ।नावमान्या नो विरोधा कदाचिच्छुभमिच्छता।।

वंशावली (गोत्र प्रवर परिचय)

सरयूपारीण ब्राह्मण या सरवरिया ब्राह्मण या सरयूपारी ब्राह्मण सरयू नदी के पूर्वी तरफ बसे हुए ब्राह्मणों को कहा जाता है। यह कान्यकुब्ज ब्राह्मणो कि शाखा है। श्रीराम ने लंका विजय के बाद कान्यकुब्ज ब्राह्मणों से यज्ञ करवाकर उन्हे सरयु पार स्थापित किया था। सरयु नदी को सरवार भी कहते थे। ईसी से ये ब्राह्मण सरयुपारी ब्राह्मण कहलाते हैं। सरयुपारी ब्राह्मण पूर्वी उत्तरप्रदेश, उत्तरी मध्यप्रदेश, बिहार छत्तीसगढ़ और झारखण्ड में भी होते हैं। मुख्य सरवार क्षेत्र पश्चिम मे उत्तर प्रदेश राज्य के अयोध्या शहर से लेकर पुर्व मे बिहार के छपरा तक तथा उत्तर मे सौनौली

से लेकर दक्षिण मे मध्यप्रदेश के रीवा शहर तक है। काशी, प्रयाग, रीवा, बस्ती, गोरखपुर, अयोध्या, छपरा इत्यादि नगर सरवार भूखण्ड में हैं।

एक अन्य मत के अनुसार श्री राम ने कान्यकुब्जो को सरयु पार नहीं बसाया था बल्कि रावण जो की ब्राह्मण थे उनकी हत्या करने पर ब्रह्म हत्या के पाप से मुक्त होने के लिए जब श्री राम ने भोजन और दान के लिए ब्राह्मणों को आमंत्रित किया तो जो ब्राह्मण स्नान करने के बहाने से सरयू नदी पार करके उस पार चले गए और भोजन तथा दान समंग्री ग्रहण नहीं की वे ब्राह्मण सरयुपारीन ब्राह्मण कहे गए।

सरयूपारीण ब्राह्मणों के मुख्य गाँव :

गर्ग (शुक्ल- वंश) गर्ग ऋषि के तेरह लडके बताये जाते है जिन्हें गर्ग गोत्रीय, पंच प्रवरीय, शुक्ल बंशज कहा जाता है जो तेरह गांवों में बिभक्त हों गये थे गांवों के नाम कुछ इस प्रकार है

(१) मामखोर (२) खखाइज खोर (३) भेंडी (४) बकरूआं (५) अकोलियाँ (६) भरवलियाँ (७) कनइल (८) मोढीफेकरा (९) मल्हीयन (१०) महसों (११) महुलियार (१२) बुद्धहट (१३) इसमे चार गाँव का नाम आता है लखनौरा, मुंजीयड, भांदी, और नौवागाँव| ये सारे गाँव लगभग गोरखपुर, देवरियां और बस्ती में आज भी पाए जाते हैं।

उपगर्ग (शुक्ल-वंश): उपगर्ग के छ: गाँव जो गर्ग ऋषि के अनुकरणीय थे कुछ इस प्रकार से हैं

(१) बरवां (२) चांदां (३) पिछौरां (४) कड़जहीं (५) सेदापार (६) दिक्षापार

यही मूलत: गाँव है जहाँ से शुक्ल बंश का उदय माना जाता है यहीं से लोग अन्यत्र भी जाकर शुक्ल बंश का उत्थान कर रहें हैं यें सभी सरयूपारीण ब्राह्मण हैं।

गौतम (मिश्र-वंश): गौतम ऋषि के छ: पुत्र बताये जातें हैं जो इन छ: गांवों के वाशी थे

(१) चंचाई (२) मधुबनी (३) चंपा (४) चंपारण (५) विडरा (६) भटीयारी

इन्ही छ: गांवों से गौतम गोत्रीय, त्रिप्रवरीय मिश्र वंश का उदय हुआ है, यहीं से अन्यत्र भी पलायन हुआ है ये सभी सरयूपारीण ब्राह्मण हैं।

उप गौतम (मिश्र-वंश): उप गौतम यानि गौतम के अनुकारक छ: गाँव इस प्रकार से हैं|

(१) कालीडीहा (२) बहुडीह (३) वालेडीहा (४) भभयां (५) पतनाड़े (६) कपीसा

इन गांवों से उप गौतम की उत्पत्ति मानी जाति है।

वत्स गोत्र (मिश्र- वंश): वत्स ऋषि के नौ पुत्र माने जाते हैं जो इन नौ गांवों में निवास करते थे|

(१) गाना (२) पयासी (३) हरियैया (४) नगहरा (५) अघइला (६) सेखुई (७) पीडहरा (८) राढ़ी (९) मकहडा

बताया जाता है की इनके वहा पांति का प्रचलन था अतएव इनको तीन के समकक्ष माना जाता है।

कौशिक गोत्र (मिश्र-वंश): तीन गांवों से इनकी उत्पत्ति बताई जाती है जो निम्न है।

(१) धर्मपुरा (२) सोगावरी (३) देशी

वशिष्ठ गोत्र (मिश्र-वंश): इनका निवास भी इन तीन गांवों में बताई जाती है।

(१) बट्टूपुर मार्जनी (२) बढ़निया (३) खउसी

शांडिल्य गोत्र (तिवारी, त्रिपाठी वंश) शांडिल्य ऋषि के बारह पुत्र बताये जाते हैं जो इन बाह गांवों से प्रभुत्व रखते हैं।

(१) सांडी (२) सोहगौरा (३) संरयाँ (४) श्रीजन (५) धतूरा (६) भगराइच (७) बलूआ (८) हरदी (९) झूडीयाँ (१०) उनवलियाँ (११) लोनापार (१२) कटियारी, लोनापार में लोनाखार, कानापार, छपरा भी समाहित है।

इन्ही बारह गांवों से आज चारों तरफ इनका विकास हुआ है, यें सरयूपारीण ब्राह्मण हैं। इनका गोत्र श्री मुख शांडिल्य त्रि प्रवर है, श्री मुख शांडिल्य में घरानों का प्रचलन है जिसमे राम घराना, कृष्ण घराना, नाथ घराना, मणी घराना है, इन चारों का उदय, सोहगौरा गोरखपुर से है जहाँ आज भी इन चारों का अस्तित्व कायम है।

उप शांडिल्य (तिवारी- त्रिपाठी, वंश): इनके छ: गाँव बताये जाते हैं जो निम्नवत हैं।

(१) शीशवाँ (२) चौरीहाँ (३) चनरवटा (४) जोजिया (५) ढकरा (६) क़जरवटा

भार्गव गोत्र (तिवारी या त्रिपाठी वंश):भार्गव ऋषि के चार पुत्र बताये जाते हैं जिसमें चार गांवों का उल्लेख मिलता है|(१) सिंघनजोड़ी (२) सोताचक (३) चेतियाँ (४) मदनपुर।

भारद्वाज गोत्र (दुबे वंश):

भारद्वाज ऋषि के चार पुत्र बाये जाते हैं जिनकी उत्पत्ति इन चार गांवों से बताई जाती है|

(१) बड़गईयाँ (२) सरार (३) परहूँआ (४) गरयापार

कन्चनियाँ और लाठियारी इन दो गांवों में दुबे घराना बताया जाता है जो वास्तव में गौतम मिश्र हैं लेकिन इनके पिता क्रमश: उठातमनी और शंखमनी गौतम मिश्र थे परन्तु वासी (बस्ती) के राजा बोधमल ने एक पोखरा खुदवाया जिसमे लट्ठा न चल पाया, राजा के कहने पर दोनों भाई मिल कर लट्ठे को चलाया जिसमे एक ने लट्ठे सोने वाला भाग पकड़ा तो दुसरें ने लाठी वाला भाग पकड़ा जिसमे कन्चनियाँ व लाठियारी का नाम पड़ा, दुबे की गादी होने से ये लोग दुबे कहलाने लगें। सरार के दुबे के वहां पांति का प्रचलन रहा है अतएव इनको तीन के समकक्ष माना जाता है।

सावरण गोत्र (पाण्डेय वंश)

सावरण ऋषि के तीन पुत्र बताये जाते हैं इनके वहां भी पांति का प्रचलन रहा है जिन्हें तीन के समकक्ष माना जाता है जिनके तीन गाँव निम्न हैं(१) इन्द्रपुर (२) दिलीपपुर (३) रकहट (चमरूपट्टी)

सांकेत गोत्र (मलांव के पाण्डेय वंश) सांकेत ऋषि के तीन पुत्र इन तीन गांवों से सम्बन्धित बाते जाते हैं|

(१) मलांव (२) नचइयाँ (३) चकसनियाँ

कश्यप गोत्र (त्रिफला के पाण्डेय वंश) इन तीन गांवों से बताये जाते हैं।

(१) त्रिफला (२) मढ़रियाँ (३) ढडमढीयाँ

ओझा वंश इन तीन गांवों से बताये जाते हैं।(१) करइली (२) खैरी (३) निपनियां

चौबे -चतुर्वेदी, वंश (कश्यप गोत्र) इनके लिए तीन गांवों का उल्लेख मिलता है।(१) वंदनडीह (२) बलूआ (३) बेलउजांएक गाँव कुसहाँ का उल्लेख बताते है जो शायद उपाध्याय वंश का मालूम पड़ता है।

ब्राह्मणों की वंशावली

भविष्य पुराण के अनुसार ब्राह्मणों का इतिहास है की प्राचीन काल में महर्षि कश्यप के पुत्र कण्वय की आर्यावनी नाम की देव कन्या पत्नी हुई। ब्रम्हा की आज्ञा से दोनों कुरुक्षेत्र वासनी

सरस्वती नदी के तट पर गये और कण् व चतुर्वेदमय सूक्तों में सरस्वती देवी की स्तुति करने लगे एक वर्ष बीत जाने पर वह देवी प्रसन्न हो वहां आयीं और ब्राम्हणो की समृद्धि के लिये उन्हें वरदान दिया। वर के प्रभाव कण्वय के आर्य बुद्धिवाले दस पुत्र हुए जिनका क्रमानुसार नाम था

उपाध्याय, दीक्षित, पाठक, शुक्ला, मिश्रा, अग्निहोत्री, दुबे, तिवारी, पाण्डेय, और चतुर्वेदी।

इन लोगो का जैसा नाम था वैसा ही गुण। इन लोगो ने नत मस्तक हो सरस्वती देवी को प्रसन्न किया। बारह वर्ष की अवस्था वाले उन लोगो को भक्तवत्सला शारदा देवी ने अपनी कन्याए प्रदान की।

वे क्रमशःउपाध्यायी, दीक्षिता, पाठकी, शुक्लिका, मिश्राणी, अग्निहोत्रिधी, द्विवेदिनी, तिवेदिनी, पाण्डयायनी,

और चतुर्वेदिनी कहलायीं।

फिर उन कन्याआं के भी अपने-अपने पति से सोलह-सोलह पुत्र हुए हैं वे सब गोत्रकार हुए जिनका नाम -

कष्यप, भरद्वाज, विश्वामित्र, गौतम, जमदग्नि, वसिष्ठ, वत्स, गौतम, पराशर, गर्ग, अत्रि, भृगडत्र, अंगिरा, श्रृंगी, कात्याय, और याज्ञवल्क्य।इन नामो से सोलह-सोलह पुत्र जाने जाते हैं।

मुख्य 10 प्रकार ब्राम्हणों ये हैं

(1) तैलंगा, (2) महाराष्ट्रा, (3) गुर्जर, (4) द्रविड, (5) कर्णटिका,

यह पांच "द्रविण" कहे जाते हैं, ये विन्ध्यांचल के दक्षिण में पाय जाते हैं। तथा विंध्यांचल के उत्तर मं पाये जाने वाले या वास करने वाले ब्राम्हण

(1) सारस्वत, (2) कान्यकुब्ज, (3) गौड़, (4) मैथिल, (5) उत्कलये,

उत्तर के पंच गौड़ कहे जाते हैं। वैसे ब्राम्हण अनेक हैं जिनका वर्णन आगे लिखा है।

ऐसी संख्या मुख्य 115 की है। शाखा भेद अनेक हैं। इनके अलावा संकर जाति ब्राम्हण अनेक है।

यहां मिली जुली उत्तर व दक्षिण के ब्राम्हणों की नामावली 115 की दे रहा हूं। जो एक से दो और 2 से 5 और 5 से 10 और 10 से 84 भेद हुए हैं,

फिर उत्तर व दक्षिण के ब्राम्हण की संख्या शाखा भेद से 230 के लगभग है। तथा और भी शाखा भेद हुए हैं, जो लगभग 300 के करीब ब्राम्हण भेदों की संख्या का लेखा पाया गया है। उत्तर व दक्षिणी ब्राम्हणां के भेद इस प्रकार है 81 ब्राम्हाणां की 31 शाखा कुल 115 ब्राम्हण संख्या, मुख्य है

(1) गौड़ ब्राम्हण, (2) गुजरगौड़ ब्राम्हण (मारवाड, मालवा)(3) श्री गौड़ ब्राम्हण, (4) गंगापुत्र गौडत्र ब्राम्हण, (5) हरियाणा गौड़ ब्राम्हण, (6) वशिष्ठ गौड़ ब्राम्हण, (7) शोरथ गौड ब्राम्हण, (8) दालभ्य गौड़ ब्राम्हण, (9) सुखसेन गौड़ ब्राम्हण, (10) भटनागर गौड़ ब्राम्हण, (11) सूरजध्वज गौड ब्राम्हण(षोभर), (12) मथुरा के चौबे ब्राम्हण, (13) वाल्मीकि ब्राम्हण, (14) रायकवाल ब्राम्हण, (15) गोमित्र ब्राम्हण, (16) दायमा ब्राम्हण, (17) सारस्वत ब्राम्हण, (18) मैथल ब्राम्हण, (19) कान्यकुब्ज ब्राम्हण, (20) उत्कल ब्राम्हण, (21) सरवरिया ब्राम्हण, (22) राशर ब्राम्हण, (23) सनोडिया या सनाड्य, (24) मित्र गौड़ ब्राम्हण, (25) कपिल ब्राम्हण, (26) तलाजिये ब्राम्हण, (27) खेटुवे ब्राम्हण, (28) नारदी ब्राम्हण, (29) चन्द्रसर ब्राम्हण, (30) वलादरे ब्राम्हण, (31) गयावाल ब्राम्हण, (32) ओडये ब्राम्हण, (33) आभीर ब्राम्हण, (34) पल्लीवास ब्राम्हण, (35) लेटवास ब्राम्हण, (36) सोमपुरा ब्राम्हण, (37) काबोद सिद्धि ब्राम्हण, (38) नदोर्या ब्राम्हण, (39) भारती ब्राम्हण, (40) पुश्करर्णी ब्राम्हण, (41) गरुड़ गलिया ब्राम्हण, (42) भार्गव ब्राम्हण, (43) नार्मदीय ब्राम्हण, (44) नन्दवाण ब्राम्हण, (45) मैत्रयणी ब्राम्हण, (46) अभिल्ल ब्राम्हण, (47) मध्यान्दिनीय ब्राम्हण, (48) टोलक ब्राम्हण, (49) श्रीमाली ब्राम्हण, (50) पोरवाल बनिये ब्राम्हण, (51) श्रीमाली वैष्य ब्राम्हण(52) तांगड़ ब्राम्हण, (53) सिंध ब्राम्हण, (54) त्रिवेदी म्होड ब्राम्हण, (55) इग्यर्शण ब्राम्हण, (56) धनोजा म्होड ब्राम्हण, (57) गौभुज ब्राम्हण, (58) अड्डालजर ब्राम्हण, (59) मधुकर ब्राम्हण, (60) मंडलपुरवासी ब्राम्हण, (61) खड़ायते ब्राम्हण, (62) बाजरखेड़ा वाल ब्राम्हण, (63) भीतरखेड़ा वाल ब्राम्हण, (64) लाढवनिये ब्राम्हण, (65) झारोला ब्राम्हण, (66) अंतरदेवी ब्राम्हण, (67) गालव ब्राम्हण, (68) गिरनारे ब्राम्हण

ब्राह्मण गौत्र और गौत्र कारक 115 ऋषि

(1). अत्रि, (2). भृगु, (3). आंगिरस, (4). मुद्गल, (5). पातंजलि, (6). कौशिक, (7). मरीच, (8). च्यवन, (9). पुलह, (10). आष्टिषेण, (11). उत्पत्ति शाखा, (12). गौतम गोत्र, (13). वशिष्ठ और संतान (13.1). पर वशिष्ठ, (13.2). अपर वशिष्ठ, (13.3). उत्तर वशिष्ठ, (13.4). पूर्व वशिष्ठ, (13.5). दिवा वशिष्ठ, (14). वात्स्यायन, (15). बुधायन, (16). माध्यन्दिनी, (17). अज, (18). वामदेव, (19). शांकृत्य, (20). आप्लवान, (21). सौकालीन, (22). सोपायन, (23). गर्ग, (24).

सोपर्णि, (25). शाखा, (26). मैत्रेय, (27). पराशर, (28). अंगिरा, (29). क्रतु, (30. अधमर्षण, (31). बुधायन, (32). आष्टायन कौशिक, (33). अग्निवेष भारद्वाज, (34). कौण्डिन्य, (34). मित्रवरुण, (36). कपिल, (37). शक्ति, (38). पौलस्त्य, (39). दक्ष, (40). सांख्यायन कौशिक, (41). जमदग्नि, (42). कृष्णात्रेय, (43). भार्गव, (44). हारीत, (45). धनञ्जय, (46). पाराशर, (47). आत्रेय, (48). पुलस्त्य, (49). भारद्वाज, (50). कुत्स, (51). शांडिल्य, (52). भरद्वाज, (53). कौत्स, (54). कर्दम, (55). पाणिनि गोत्र, (56). वत्स, (57). विश्वामित्र, (58). अगस्त्य, (59). कुश, (60). जमदग्नि कौशिक, (61). कुशिक, (62). देवराज गोत्र, (63). धृत कौशिक गोत्र, (64). किंडव गोत्र, (65). कर्ण, (66). जातुकर्ण, (67). काश्यप, (68). गोभिल, (69). कश्यप, (70). सुनक, (71). शाखाएं, (72). कल्पिष, (73). मनु, (74). माण्डव्य, (75). अम्बरीष, (76). उपलभ्य, (77). व्याघ्रपाद, (78). जावाल, (79). धौम्य, (80). याग्वल्क्य, (81). और्व, (82). दृढ़, (83). उद्वाह, (84). रोहित, (85). सुपर्ण, (86). गालिब, (87). वशिष्ठ, (88). मार्कण्डेय, (89). अनावृक, (90). आपस्तम्ब, (91). उत्पत्ति शाखा, (92). यास्क, (93). वीतहब्य, (94). वासुकि, (95). दालभ्य, (96). आयास्य, (97). लौंगाक्षि, (98). चित्र, (99). विष्णु, (100). शौनक, (101).पंचशाखा, (102).सावर्णि, (103).कात्यायन, (104). कंचन, (105).अलम्पायन, (106).अव्यय, (107).विल्च, (108). शांकल्य, (109). उद्दालक, (110). जैमिनी, (111). उपमन्यु, (112). उतथ्य, (113). आसुरि, (114). अनूप और (110). आश्वलायन।

कुल संख्या 108 ही हैं, लेकिन इनकी छोटी-छोटी 7 शाखा और हुई हैं। इस प्रकार कुल मिलाकर इनकी पूरी सँख्या 115 है।

ब्राह्मण कुल परम्परा के 11 कारक

1. **गोत्र** व्यक्ति की वंश-परम्परा जहाँ और से प्रारम्भ होती है, उस वंश का गोत्र भी वहीं से प्रचलित होता गया है। इन गोत्रों के मूल ऋषि :- विश्वामित्र, जमदग्नि, भारद्वाज, गौतम, अत्रि, वशिष्ठ, कश्यप। इन सप्तऋषियों और आठवें ऋषि अगस्त्य की संतान गोत्र कहलाती है। यानी जिस व्यक्ति का गौत्र भारद्वाज है, उसके पूर्वज ऋषि भरद्वाज थे और वह व्यक्ति इस ऋषि का वंशज है।

2. **प्रवर** अपनी कुल परम्परा के पूर्वजों एवं महान ऋषियों को प्रवर कहते हैं। अपने कर्मो द्वारा ऋषिकुल में प्राप्त की गई श्रेष्ठता के अनुसार उन गोत्र प्रवर्तक मूल ऋषि के बाद होने वाले व्यक्ति, जो महान हो गए, वे उस

गोत्र के प्रवर कहलाते हैं। इसका अर्थ है कि कुल परम्परा में गोत्रप्रवर्त्तक मूल ऋषि के अनन्तर अन्य ऋषि भी विशेष महान हुए थे।

3. **वेद** वेदों का साक्षात्कार ऋषियों ने लाभ किया है। इनको सुनकर कंठस्थ किया जाता है। इन वेदों के उपदेशक गोत्रकार ऋषियों के जिस भाग का अध्ययन, अध्यापन, प्रचार प्रसार, आदि किया, उसकी रक्षा का भार उसकी संतान पर पड़ता गया, इससे उनके पूर्व पुरूष जिस वेद ज्ञाता थे, तदनुसार वेदाभ्यासी कहलाते हैं। प्रत्येक का अपना एक विशिष्ट वेद होता है, जिसे वह अध्ययन-अध्यापन करता है। इस परम्परा के अन्तर्गत जातक, चतुर्वेदी, त्रिवेदी, द्विवेदी आदि कहलाते हैं।

4. **उपवेद** प्रत्येक वेद से सम्बद्ध विशिष्ट उपवेद का भी ज्ञान होना चाहिये।

5. **शाखा** वेदों के विस्तार के साथ ऋषियों ने प्रत्येक एक गोत्र के लिए एक वेद के अध्ययन की परंपरा डाली है। कालान्तर में जब एक व्यक्ति उसके गोत्र के लिए निर्धारित वेद पढने में असमर्थ हो जाता था, तो ऋषियों ने वैदिक परम्परा को जीवित रखने के लिए शाखाओं का निर्माण किया। इस प्रकार से प्रत्येक गोत्र के लिए अपने वेद की उस शाखा का पूर्ण अध्ययन करना आवश्यक कर दिया। इस प्रकार से उन्होंने जिसका अध्ययन किया, वह उस वेद की शाखा के नाम से पहचाना गया।

6. **सूत्र** प्रत्येक वेद के अपने 2 प्रकार के सूत्र हैं। श्रौत सूत्र और ग्राह्य सूत्र यथा शुक्ल यजुर्वेद का कात्यायन श्रौत सूत्र और पारस्कर ग्राह्य सूत्र है।

7. **छन्द** उक्तानुसार ही प्रत्येक ब्राह्मण को अपने परम्परा सम्मत छन्द का भी ज्ञान होना चाहिए।

8. **शिखा** अपनी कुल परम्परा के अनुरूप शिखा-चुटिया को दक्षिणावर्त अथवा वामावार्त्त रूप से बाँधने की परम्परा शिखा कहलाती है।

9. **पाद** अपने-अपने गोत्रानुसार लोग अपना पाद प्रक्षालन करते हैं। ये भी अपनी एक पहचान बनाने के लिए ही, बनाया गया एक नियम है। अपने-अपने गोत्र के अनुसार ब्राह्मण लोग पहले अपना बायाँ पैर धोते, तो किसी गोत्र के लोग पहले अपना दायाँ पैर धोते, इसे ही पाद कहते हैं।

10. **देवता** प्रत्येक वेद या शाखा का पठन, पाठन करने वाले किसी विशेष देव की आराधना करते हैं, वही उनका कुल देवता यथा भगवान् विष्णु,

भगवान् शिव, माँ दुर्गा, भगवान् सूर्य इत्यादि देवों में से कोई एक आराध्य देव हैं।

11. **द्वार** यज्ञ मण्डप में अध्वर्यु (यज्ञकर्त्ता) जिस दिशा अथवा द्वार से प्रवेश करता है अथवा जिस दिशा में बैठता है, वही उस गोत्र वालों की द्वार या दिशा कही जाती है।

सभी ब्राह्मण बंधुओ को मेरा नमस्कार बहुत दुर्लभ जानकारी है जरूर पढ़े। इस तरह ब्राह्मणों की उत्पत्ति और इतिहास के साथ इनका विस्तार अलग अलग राज्यो में हुआ और ये उस राज्य के ब्राह्मण कहलाये।

ब्राह्मण बिना धरती की कल्पना ही नहीं की जा सकती इसलिए ब्राह्मण होने पर गर्व करो और अपने कर्म और धर्म का पालन कर सनातन संस्कृति की रक्षा करें।

ब्राह्मण को प्रशन्न करने के उपाय

ब्राह्मण वंदना:-

* बंदउँ प्रथम महीसुर चरना। मोह जनित संसय सब हरना॥

भावार्थ:- पहले पृथ्वी के देवता ब्राह्मणों के चरणों की वन्दना करता हूँ, जो अज्ञान से उत्पन्न सब संदेहों को हरने वाले हैं।

बर्हमणों को प्रशन्न करना बहुत आसान है स्वाभाव से नम्र ब्राह्मण वैसे तो मीठी बाड़ी से ही प्रसन्न हो जाते है पर

यथा शक्ति उनकी पूजा करके, तिलक करके, भोजन करवाकर, दान देकर अपनी शक्ति के अनुसार उन्हें प्रशन्न करे रोज नहीं हो सकता तो सप्ताह, महीने या साल में १ बार बस्त्र दान / भोजन दान आदि अपनी हैशियत के हिसाब करके उन्हें प्रशन्न किया जा सकता है

पत्नी सहित यजमान ब्राह्मणों को नमस्कार कर, अर्घ्य व आसन देकर उनका स्वागत करें। तत्पश्चात् सर्वप्रथम आचार्य के दक्षिण के पैर के अंगूठे का प्रक्षालन (दुग्ध मिश्रित जल से) कर चन्दन, पुष्पादि चढावें।

ब्राह्मणों के पाँव धोने का मन्त्र

१. यत्पुण्यं कपिलादाने कार्तिक्यां ज्येष्ठपुष्करे। तत्फलं पाण्डव श्रेष्ठ। विप्राणां पाद शौचने ॥

२. पृथिव्यां यानि तीर्थानि तानि तीर्थानि सागरे। सागरे सर्वतीर्थानि, विप्रस्य दक्षिण पदे ॥

आचार्य को पुष्पाहार, वस्त्र, यथाशक्ति दान दक्षिणा दें। तत्पश्चात् सभी ब्राह्मणों का इसी क्रम से पूजन करें। एवं अक्षत्, पुष्पहार देते हुए चन्दन से तिलक करें।

ब्राह्मणों के तिलक करने का मन्त्र

ॐ नमोऽस्त्वनंताय सहस्त्र मूर्तये, सहस्त्र पादक्षिशिरोरूबाहवे। सहस्त्र नाम्ने पुरुषाय शाश्वते, सहस्त्र कोटि युग धारिणे नमः॥

नमो ब्रह्मण्य देवाय गोब्राह्मणहिताय च। जगद्धिताय कृष्णाय गोविन्दाय नमो नमः ॥

इसके पश्चात् पवित्र रक्त सूत्र से ब्राह्मणों का अभिष्ट कर्म के लिए व्रत बन्धन करें।

ब्राह्मणों को मोली बाँधने का मन्त्र

ब्रतेन दीक्षामाप्नोति दीक्षयाप्नोति दक्षिणाम्। दक्षिणा श्रद्धामाप्नोति श्रद्धया सत्यमाप्यते ॥

यदाबध्नन्दा क्षायणा हिरण्य ठ शतानीकाय सुमनस्य माना :। तन्मऽआबध्नामि शत शारदाय - युष्माञ्जरदष्टि यथासम्

दान: ब्राह्मण को **वस्त्र के रूप में धोती, गमछा, आदि दिया जाता है.** ऐसा माना जाता है कि घी का दान- शास्त्रों के अनुसार हर चीज के दान का अपना अलग महत्व है. साफ बर्तन में गाय का शुद्ध घी बर्तन सहित दान किया जाता है. ब्राह्मण को जो धन दान किया जाता है वह अक्षय होता है। वह जन्म जन्मान्तरों में फल देता है, उनकी पूजा करने वाला कभी दरिद्र, दुखी और रोगी नहीं होता है।

गाय, स्वर्ण, चांदी, रत्न, विद्या, गाय का शुद्ध घी, बर्तन, हाथी, घोड़ा, शैया, वस्त्र, भूमि, अन्न, दूध, छत्र तथा आवश्यक सामग्री सहित घर- इन वस्तुओं को दान देकर प्रसन्न किया जा सकता है।

आप चाहे कितने भी जानकर क्यों न हो बुजुर्गों ने भी कहा है की ब्राह्मण गुरु के भी गुरु और पुरोहित के भी पुरोहित होते है इशलिये सर्ब प्रथम पूजा ब्राह्मण देवता की होनी चाहिए

सारद सेस महेस बिधि आगम निगम पुरान।नेति नेति कहि जासु गुन करहिं निरंतर गान॥12॥

भावार्थ:- सरस्वतीजी, शेषजी, शिवजी, ब्रह्माजी, शास्त्र, वेद और पुराण- ये सब 'नेति-नेति' कहकर (पार नहीं पाकर 'ऐसा नहीं', ऐसा नहीं कहते हुए) सदा जिनका गुणगान किया करते हैं॥

वो भी ब्राह्मण का पैर अपने बछस्थल पर धारण करनेवाले भगवान भी ब्राह्मणो की पूजा करने में स्वयं अग्रणी रहते है तो ऐसे ब्राह्मण को ठगने, प्रताड़ित करने से बचते हुए उन्हें प्रशन्न करने से सभी देवता प्रशन्न होंगे और इच्छित फल प्रदान करेंगे और कुछ न हो सके तो ब्राह्मणो के कोप से बचने का उपाय अवस्य करना चाहिए ईश्वर कल्याण करेगा.

उपसंहार-: ब्राह्मण बिना धरती की कल्पना ही नहीं की जा सकती इसलिए ब्राह्मण होने पर गर्व करो और अपने कर्म और धर्म का पालन कर सनातन संस्कृति की रक्षा करें।सबिनमृ गुरु तथा ईश्वर के श्री चरणों की बंदना कर आप सब से अपनी इस किताब में लिखी किसी भी, किसी भी तरह की गलती से हम सभी से पहले ही छमा मांगता हूँ. इस किताब से मैंने वेद, पुराण, उपनिषद, शास्त्र, रामायण, गीता, महाभारत, श्री राम, श्री कृष्ण, ऋषि ब्यास, सप्त ऋषियों, श्री परशुराम, तथा अनेक ऋषियों, महत्माओ के ग्रंथो उन की बातो तथा कथनो से इस किताब में जन कल्याण के लिए आप सब की सेवा में समर्पित करता जो हूँ भी महापुरुष इनका अनुसरण करेंगे निश्चय ही वह भव सागर से तर जायेंगे तथा ८४ लाख योनियों में भटकने से बचेंगे। जो भी इस किताब को मिथ्या समझकर इसमें लिखी बातो का अपमान करेगा वह त्रिदेवों की कृपा से अभिभूत नहीं होगा जो भी इस किताब का प्रचार प्रसार करेगा वह पुण्यवान के लोकों में निवास करेगा धरती पर सभी सुखो को भोगेगा जो भी इस किताब का मुफ्त बितरण अथवा प्रचार करेंगे उन्हें ईश्वर की पूजा जैसा फल प्राप्त होगा अतः सभी सज्जन अपनी अपनी छमता से अच्छे आचरण का पालन करते हुए इस मृत्युलोक रुपी संसारसागर से अपने उद्धार का प्रयास करें। यह पुस्तक किसी मिथ्या आडम्बर का प्रचार नहीं करती अपितु यह पुस्तक केवल महापुरुषों, बेदो, शास्त्रों के कथना अनुसार लेखक ने इस मिथ्या जगत के लोगो को जागृत करने का प्रयास मात्र किया है अतः समस्त लोगो को नमन कर पुस्तक को सेवा में प्रस्तुत करता हूँ

ॐ श्री गुरवे नमः ॐ सर्व देवताय नमः ॐ ब्राह्मण देवाय नमः

त्रिदेव की आरती

लेखक का डिस्क्लेमर :किताब में उद्धृत सभी सूक्ति, महापुरुषों का कथन, पोरारिक तथ्यों का लेखन लेखक का संकलन का प्रयास मात्र है इसपर कोई क़ानूनी राइट का उद्देश्य लेखक का नहीं है

ब्रह्मा-विष्णु-महेश तीनों की स्तुति :

जय शिव ओंकारा ॐ जय शिव ओंकारा

एकानन (एकमुखी, विष्णु), चतुरानन (चतुर्मुखी, **ब्रह्मा**) और पंचानन (पंचमुखी, शिव) राजे..

हंसासन (**ब्रह्मा**) गरुड़ासन (विष्णु) वृषवाहन (शिव) साजे..

दो भुज (विष्णु), चार चतुर्भुज (**ब्रह्मा**), दसभुज (शिव) अति सोहे..

अक्षमाला (रुद्राक्ष माला, **ब्रह्माजी**), वनमाला (विष्णु) रुण्डमाला (शिव) धारी..

चंदन (**ब्रह्मा**), मृगमद (कस्तूरी विष्णु), चंदा (शिव) भाले शुभकारी (मस्तक पर शोभा पाते हैं)..

श्वेताम्बर (सफेदवस्त्र, **ब्रह्मा**) पीताम्बर (पीले वस्त्र, विष्णु) बाघाम्बर (बाघ चर्म, शिव) अंगे..

ब्रह्मादिक (ब्राह्मण, ब्रह्मा) सनकादिक (सनक आदि, विष्णु) प्रेतादिक (शिव) संगे (साथ रहते हैं)..

कर के मध्य कमंडल (**ब्रह्मा**), चक्र (विष्णु), त्रिशूल (शिव) धर्ता..

जगकर्ता (**ब्रह्मा**) जगहर्ता (शिव) जग पालनकर्ता (विष्णु)..

ब्रह्मा विष्णु सदाशिव जानत अविवेका (अविवेकी लोग इन तीनों को अलग अलग जानते हैं।)

प्रणवाक्षर के मध्ये ये तीनों एका

जय शिव ओंकारा ॐ जय शिव ओंकारा

ब्राह्मण आरती

ॐ जय ब्राह्मण देवा, बाबा जय ब्राह्मण देवा।

दूर होय सब संकट, करते जो ब्राह्मण सेवा।। ॐ जय ब्राह्मण देवा।।

जीव धेनु हितकारी, निजजन भय हारी।दूर दूर से आवै, हारे नर नारी।। ॐ ब्राह्मण जय देवा।।

दीन बंधु दुःख हारी, सबके कुल तारी।तव सुमिरन से ब्राह्मण, पाप कटे भारी।। ॐ जय ब्राह्मण देवा।।

विपत्ति काल में सुमिरै, प्रभु दौड़े चले आते।रक्षा करते उसकी,

भजन भक्ति गाते। ॐ जय ब्राह्मण देवा।।

ब्राह्मण द्वारे आ के, रिद्धि सिद्धि सुख पाते।

तंदुल श्रीफल मेवा, सब प्रेम सहित खाते ।।ॐ जय ब्राह्मण देवा।।

ग्राम देश हर नगर गांव में, आप बसे देवा।

जनता सारी करती, तव चरणन सेवा।। ॐ जय ब्राह्मण देवा।।

श्री ब्राह्मण महाराज की आरती, जो कोई नर गावै।

कहे मिश्रा राजेश मंगल हो जावै, सब भय मिट जावै।। ॐ जय ब्राह्मण देवा।।

ब्राह्मणो के अनुसार कलियुग में अर्थ धर्म, सत्यवादिता, स्वच्छता, सहिष्णुता, दया, जीवन की अवधि, सभी दिन पर दिन घटती जाएगी:

श्लोक 1. ततश्चानुदिनं धर्मः सत्यं शौचं क्षमा दया ।कालेन बलिना राजन् नङ्क्ष्यत्यायुर्बलं स्मृतिः ॥

इस श्लोक के मुताबिक कलियुग में अर्थ धर्म, सत्यवादिता, स्वच्छता, सहिष्णुता, दया, जीवन की अवधि, शारीरिक शक्ति और स्मृति सभी दिन पर दिन घटती जाएगी।

श्लोक 2. वित्तमेव कलौ नृणां जन्माचारगुणोदयः ।धर्मन्याय व्यवस्थायां कारणं बलमेव हि ॥

इस श्लोक का अर्थ है कि कलियुग में जिस व्यक्ति के पास जितना धन होगा, वो उतना ही गुणी माना जाएगा और कानून, न्याय केवल एक शक्ति के आधार पर ही लागू किया जाएगा.

श्लोक 3. दाम्पत्येऽभिरुचिर्हेतुः मायैव व्यावहारिके ।स्त्रीत्वे पुंस्त्वे च हि रतिः विप्रत्वे सूत्रमेव हि ॥

इस श्लोक के अनुसार इस युग में पुरुष स्त्री बिना विवाह के ही एक दूसरे में रूचि के अनुसार साथ रहेंगे। वही व्यापार की सफलता छल पर निर्भर करेगी। कलयुग में ब्राह्मण सिर्फ एक धागा पहनकर ब्राह्मण होने का दावा करेंगे।

श्लोक 4. लिङ्गं एवाश्रमख्यातौ अन्योन्यापत्ति कारणम् ।अवृत्त्या न्यायदौर्बल्यं पाण्डित्ये चापलं वचः ॥

इसके अनुसार जो मनुष्य घूस देने या धन खर्च करने में असमर्थ होगा। उसे अदालतों से सही न्याय नहीं मिल सकेगा। साथ ही जो व्यक्ति बहुत चालाक और स्वार्थी होगा वो ही इस युग में बहुत विद्वान माना जाएगा।

श्लोक 5. क्षुत्तृड्भ्यां व्याधिभिश्चैव संतप्स्यन्ते च चिन्तया ।त्रिंशद्विंशति वर्षाणि परमायुः कलौ नृणाम्

इसका अर्थ ये है, कि इस युग में लोग भूख प्यास और कई तरह की चिंताओं से दुखी रहेंगे। कई तरह की बीमारियां उन्हें हर समय घेरे रहेगी। साथ ही कलियुग में मनुष्य की उम्र केवल बीस या तीस वर्ष की ही होगी।

श्लोक 6. दूरे वार्ययनं तीर्थं लावण्यं केशधारणम् ।उदरंभरता स्वार्थः सत्यत्वे धार्ष्ट्यमेव हि ॥

इस श्लोक के अनुसार लोग दूर के नदी और तालाबों को तो तीर्थ मानेंगे, लेकिन अपने पास रह रहे माता पिता की निंदा करेंगे। इसके इलावा सिर पर बड़े बड़े बाल रखना ही सुंदरता मानी जायेगी और केवल पेट भरना ही लोगो का लक्ष्य होगा।

श्लोक 7. अनावृष्ट्या विनङ्क्ष्यन्ति दुर्भिक्षकरपीडिताःशीतवातातपप्रावृड् हिमैरन्योन्यतः प्रजाः ॥

इसके अनुसार कलयुग में कभी बारिश नहीं होगी जिससे सूखा पड़ जाएगा। साथ ही कभी कड़ाके की सर्दी पड़ेगी तो कभी भीषण गर्मी हो जायेगी। तो कभी आंधी

आएगी तो कभी बाढ़ आ जाएगी। इन परिस्तिथियों से लोग परेशान होंगे और नष्ट होते जाएंगे।

श्लोक 8. अनाढ्यतैव असाधुत्वे साधुत्वे दंभ एव तु ।स्वीकार एव चोद्वाहे स्नानमेव प्रसाधनम् ॥

इस युग में जिस व्यक्ति के पास धन नहीं होगा वो अधर्मी, अपवित्र और बेकार माना जाएगा। वही इस युग में विवाह दो लोगों के बीच बस एक समझौता होगा और लोग बस स्नान करके समझेंगे कि वो अंतरात्मा से शुद्ध हो गए हैं।

श्लोक 9. दाक्ष्यं कुटुंबभरणं यशोऽर्थे धर्मसेवनम् ।एवं प्रजाभिर्दुष्टाभिः आकीर्ण क्षितिमण्डले ॥

इस श्लोक के अनुसार धर्म कर्म के काम केवल लोगों के सामने अच्छा दिखने और दिखावे के लिए ही किए जाएगे। पृथ्वी भ्रष्ट लोगों से भर जाएगी और लोग सत्ता हासिल करने के लिए एक दूसरे को मारेंगे।

अतः सभी जनता जनार्दन से पार्थना है की जो ब्राह्मणो ने आज से कई हजार बर्ष पहले अपने श्लोक के माधयम से जो बताया था वह आज घटित होता दिखाई दे रहा है इशलिये आप सभी से पार्थना है की अपने बच्चों को बचपन से ही संस्कार की शिच्छा दे समय से शादी करके ही स्त्री पुरुष एक साथ रहे ताकि माता पिता परिवार कुल और जीवन सभी को दोषो से बचाया जा सक। ज्ञान नीति जो बताई गई उसका अनुसरण करें और जीवन को सफल बनायें

कलियुग में बुरे कार्यों से बचने के लिए ब्राह्मणो द्वारा रचित जीवन उपयोगी ज्ञान पूर्ण शुक्ति

संस्कृत श्लोक) Hindi Meaning

अभिवादनशीलस्य च नित्य वृद्धोपसेविनः।चत्वारि तस्य वर्धन्ते आयुर्विद्या यशो बलम्।।

अर्थ- प्रणाम करने और वृद्धों की सेवा करने वाले कि चार चीजें बढ़ती हैं- आयु, विद्या, यश और बल

विद्या ददाति विनयं विनयात याति पात्रताम्।पात्रत्वात धनमवाप्नोति धनात धर्मः ततः सुखम्।।

अर्थ- विद्या विनयं देती है। विनय से योग्यता और योग्यता से धन, धन से धर्म और धर्म से सुख प्राप्त होता है।

मातरं पितरं विप्रमाचार्य चावमन्यते।स पश्यति फलं तस्य प्रेतराजवशं गतः।।

अर्थ- जो व्यक्ति माता पिता ब्राम्हण और गुरु का अपमान करता है। वह यमराज के वश में होकर उस पाप का फल भोगता है।

पितरौ हि सदा वन्द्यौ न त्यजेदपराधिनौ।पित्रा बद्धः शुनःशेपो ययाचे पित्रदर्शनम्।।

अर्थ- माता पिता सदा ही पूजनीय हैं। भले ही वे अपराधी क्यों न हों। शुनःशेप को उसके पिता ने यूप में बांध दिया था। फिर भी उसने मुक्ति के बाद पिता के ही दर्शन की इच्छा की।

शान्तितुल्यं तपो नास्ति, न संतोषात् परं सुखम्।न तृष्णायाः परो व्याधिः, न च धर्मो दयापरः।।

अर्थ- शांति के समान कोई तप नहीं है। संतोष से बड़ा कोई सुख नहीं है। लालच से बढ़कर कोई बीमारी नहीं है और दया से बड़ा कोई धर्म नहीं है।

नासत्यवादिनः सख्यं, न पुण्यं न यशो भुवि।दृश्यते नापि कल्याणं, कालकूटमिवाश्नतः।।

अर्थ- विष पीने वाले व्यक्ति की तरह असत्य बोलने वाले व्यक्ति को न तो मित्रता प्राप्त होती है, न पुण्य, न यश और न ही उसका कल्याण होता है।

अर्थानामर्जने दुःखम्, अर्जितानां च रक्षणे।नाशे दुःखं व्यये दुःखं, धिगर्थदुःखभाजनम्।।

अर्थ- धन को अर्जित करने में दुख होता है। अर्जित किये गए धन की रक्षा करने में भी कष्ट होता है। धन के नष्ट होने या खर्च होने पर भी कष्ट होता है। दुख के पात्र इस धन को धिक्कार है।

यं माता पितरौ क्लेशं, सहेते सम्भवे नृणाम्।न तस्य निष्कृतिः शक्या, कर्तु वर्षशतैरपि।।

अर्थ- मनुष्य को जन्म देने में माता-पिता जो कष्ट सहते हैं। उस ऋण को सैंकड़ों वर्षों में भी नहीं चुकाया जा सकता।

नाभिषेको न संस्कारः सिंहस्य क्रियते वने।विक्रमार्जितसत्वस्य स्वयमेव मृगेन्द्रता।।

अर्थ- जंगल में शेर का न तो राज्याभिषेक होता है न ही कोई संस्कार होता है। पराक्रम के बल पर राज्य प्राप्त करने वाले शेर का जंगल का राजा होना स्वतः सिद्ध है।

अष्टौ गुणाः पुरुषं दीपयन्ति, प्रज्ञा च कौल्यं च दमः श्रुतं च।

पराक्रमश्चाबहुभाषिता च, दानं यथाशक्ति कृतज्ञता च।।

बुद्धिमत्ता, अच्छे कुल में जन्म, इंद्रियों पर संयम, शास्त्रों का ज्ञान, वीरता, मितभाषण, यथाशक्ति दान और कृतज्ञता। ये आठ गुण मानव के जीवन को उज्जवल करते हैं

मनुष्य दो प्रकार से योग्य बनता है - पूर्व- कर्म के दोषों को दूर करने से और नए गुणों के उत्पादन से। संस्कार ये दोनों ही काम करते हैं।

योऽधीतेऽहन्यहन्येतांस्त्रीणि वर्षाण्यतन्द्रितः ।स ब्रह्म परमभ्येति वायुभूत खमूर्तिमान्।।

अर्थात - जो द्विज आलस्य छोड़कर प्रतिदिन प्रणय और व्यहतियों के साथ गायत्री - महामन्त्र का तीन वर्षपर्यन्त जप करता है, वह इस मन्त्र के प्रभाव से अपना गायत्री मन्त्रमय परमात्मा के अनुग्रह से आकाशरूप होकर सच्चिदानन्दस्वरूप पर ब्रह्म को प्राप्त कर लेता है।

वेदास्त्यागश्च यज्ञाश्च नियमाश्च तपांसि च ।न विप्रदुष्टभावस्य सिद्धिं गच्छन्ति कहिंचत्।।

अर्थात - दूषित हृदय वाले व्यक्ति का वेदाध्ययन, त्याग, यज्ञादि का अनुष्ठान, यम - नियमों का पालन, अभ्यास ये कभी सिद्धि प्राप्त नहीं करते हैं।

नापृष्टः कस्यचिद् ब्रू यान्न चान्यायेन पृच्छतः ।जानन्नपि हि मेधावी जडवल्लोक आचरेत्।।

अर्थात - बुद्धिमान मनुष्य को यह उचित है कि वह श्रद्धापूवक प्रश्न न करने वाले को अथवा अन्याय के साथ पूछने वाले को उत्तर न दे। वह जानकार होते हुए भी जड़ या मूर्ख की भाँति आचरण करें।

अनादरो विलम्बश्च वै मुख्यम निष्ठुर वचनम।पश्चतपश्च पञ्चापि दानस्य दूषणानि च।।

अर्थ - अपमान करके देना, मुंह फेर कर देना, देरी से देना, कठोर वचन बोलकर देना और देने के बाद पछचाताप होना। ये सभी 5 क्रियाएं दान को दूषित कर देती है।

प्रदोषे दीपक : चन्द्रः, प्रभाते दीपक:रविः।त्रैलोक्ये दीपक:धर्मः, सुपुत्रः कुलदीपक:।।

अर्थ - संध्या काल में चन्द्रमा दीपक है, प्रभात काल में सूर्य दीपक है, तीनों लोकों में धर्म दीपक है और सुपुत्र कुल का दीपक है।

परो अपि हितवान् बन्धुः बन्धुः अपि अहितः परः।अहितः देहजः व्याधिः हितम् आरण्यं औषधम्।।

अर्थ - यदि कोई अपरिचित व्यक्ति आपकी मदद करें तो उसको अपने परिवार के सदस्य की तरह ही महत्व दें और अपने परिवार का सदस्य ही आपको नुकसान देना शुरू हो जाये तो उसे महत्व देना बंद \कर दें। ठीक उसी तरह जैसे शरीर के किसी अंग में कोई बीमार हो जाये तो वह हमें तकलीफ पहुंचती है। जबकि जंगल में उगी हुई औषधी हमारे लिए लाभकारी होती है।

निरपेक्षो निर्विकारो निर्भरः शीतलाशयः।अगाधबुद्धिरक्षुब्धो भव चिन्मात्रवासनः।।

अर्थ - आप सुख साधन रहित, परिवर्तनहीन, निराकार, अचल, अथाह जागरूकता और अडिग हैं। इसलिए अपनी जाग्रति को पकड़े रहो।

सहसा विदधीत न क्रियामविवेकः परमापदां पदम्।वृणते हि विमृश्यकारिणं गुणलुब्धाः स्वयमेव संपदः।

अर्थ - हमें अचानक आवेश या जोश में आकर कोई काम नहीं करना चाहिए। क्योंकि विवेक हीनता सबसे बड़ी विपतियों का कारण होती है। इसके विपरीत जो व्यक्ति सोच समझकर कार्य करता है। गुणों से आकृष्ट होने वाली मां लक्ष्मी स्वयं ही उसका चुनाव कर लेती है।

यद्यत्संदृश्यते लोके सर्वं तत्कर्मसम्भवम्।सर्वां कर्मानुसारेण जन्तुर्भोगान्भुनक्ति वै।।

अर्थ - लोगों के बीच जो सुख या दुःख देखा जाता है कर्म से पैदा होता है। सभी प्राणी अपने पिछले कर्मों के अनुसार आनंद लेते हैं या पीड़ित होते हैं।

अधमाः धनमिच्छन्ति धनं मानं च मध्यमाः।उत्तमाः मानमिच्छन्ति मानो हि महताम् धनम्।।

अर्थ - निम्न कोटि के लोग सिर्फ धन की इच्छा रखते हैं। मध्यम कोटि का व्यक्ति धन और सम्मान दोनों की इच्छा रखता है। वहीं एक उच्च कोटि के व्यक्ति के लिए सिर्फ सम्मान ही मायने रखता है। सम्मान से अधिक मूल्यवान है।

यथा चतुर्भिः कनकं परीक्ष्यते निर्घषणच्छेदन तापताडनैः।

तथा चतुर्भिः पुरुषः परीक्ष्यते त्यागेन शीलेन गुणेन कर्मणा।।

अर्थ - घिसने, काटने, तापने और पीटने, इन चार प्रकारों से जैसे सोने का परीक्षण होता है, इसी प्रकार त्याग, शील, गुण, एवं कर्मों से पुरुष की परीक्षा होती है।

सत्य - **सत्यमेवेश्वरो लोके सत्ये धर्मः सदाश्रितः।सत्यमूलनि सर्वाणि सत्यान्नास्ति परं पदम् ॥**

अर्थ - सत्य ही संसार में ईश्वर है; धर्म भी सत्य के ही आश्रित है; सत्य ही समस्त भव - विभव का मूल है; सत्य से बढ़कर और कुछ नहीं है।

अनेकसंशयोच्छेदि परोक्षार्थस्य दर्शकम् ।सर्वस्य लोचनं शास्त्रं यस्य नास्त्यन्ध एव सः ॥

अर्थ -अनेक संशयों को दूर करनेवाला, परोक्ष वस्तु को दिखानेवाला, और सबका नेत्ररुप शास्त्र जिस ने पढा नहि, वह इन्सान (आँख होने के बावजुद) अंधा है।

सुखार्थिनः कुतोविद्या नास्ति विद्यार्थिनः सुखम् ।सुखार्थी वा त्यजेद् विद्यां विद्यार्थी वा त्यजेत् सुखम् ॥

अर्थ - जिसे सुख की अभिलाषा हो (कष्ट उठाना न हो) उसे विद्या कहाँ से ? और विद्यार्थी को सुख कहाँ से ? सुख की ईच्छा रखनेवाले ने विद्या की आशा छोडनी चाहिए, और विद्यार्थी ने सुख की।

ज्ञानवानेन सुखवान् ज्ञानवानेव जीवति ।ज्ञानवानेव बलवान् तस्मात् ज्ञानमयो भव ॥

अर्थ - ज्ञानी इन्सान हि सुखी है, और ज्ञानी हि सही अर्थ में जीता है। जो ज्ञानी है वही बलवान है, इस लिए तूं ज्ञानी बन। (वसिष्ठ की राम को उक्ति)

कुलं छलं धनं चैव रुपं यौवनमेव च ।विद्या राज्यं तपश्च एते चाष्टमदाः स्मृताः ॥

अर्थ - कुल, छल, धन, रुप, यौवन, विद्या, अधिकार, और तपस्या - ये आठ मद हैं।

सालस्यो गर्विंतो निद्रः परहस्तेन लेखकः ।अल्पविद्यो विवादी च षडेते आत्मघातकाः॥

अर्थ - आलसी, गर्विष्ठ, अति सोना, पराये के पास लिखाना, अल्प विद्या, और वाद-विवाद ये छे आत्मघाती हैं।

स्वच्छन्दत्वं धनार्थित्वं प्रेमभावोऽथ भोगिता ।अविनीतत्वमालस्यं विद्याविघ्नकराणि षट्॥

अर्थ - स्वच्छंदता, पैसे का मोह, प्रेमवश होना, भोगाधीन होना, उद्धत होना - ये छे भी विद्याप्राप्ति में विघ्नरुप हैं।

गीती शीघ्री शिरः कम्पी तथा लिखित पाठकः ।अनर्थज्ञोऽल्पकण्ठश्च षडेते पाठकाधमाः॥

अर्थ - गाकर पढना, शीघ्रता से पढना, पढते हुए सिर हिलाना, लिखा हुआ पढ जाना, अर्थ न जानकर पढना, और धीमा आवाज होना ये छे पाठक के दोष हैं।

माधुर्य अक्षरव्यक्तिः पदच्छेदस्तु सुस्वरः ।धैर्य लयसमर्थ च षडेते पाठके गुणाः ॥

अर्थ - माधुर्य, स्पष्ट उच्चार, पदच्छेद, मधुर स्वर, धैर्य, और तन्मयता - ये पाठक के छे गुण हैं।

विद्या वितर्को विज्ञानं स्मृतिः तत्परता क्रिया ।यस्यैते षड्गुणास्तस्य नासाध्यमतिवर्तते ॥

अर्थ - विद्या, तर्कशक्ति, विज्ञान, स्मृतिशक्ति, तत्परता, और कार्यशीलता, ये छे जिसके पास हैं, उसके लिए कुछ भी असाध्य नहि।

द्यूतं पुस्तकवाद्ये च नाटकेषु च सक्तिता ।स्त्रियस्तन्द्रा च निन्द्रा च विद्याविघ्नकराणि षट् ॥

अर्थ - जुआ, वाद्य, नाट्य (कथा/फिल्म) में आसक्ति, स्त्री (या पुरुष), तंद्रा, और निंद्रा - ये छे विद्या में विघ्नरुप होते हैं।

आयुः कर्म च विद्या च वित्तं निधनमेव च ।पञ्चैतानि विलिख्यन्ते गर्भस्थस्यैव देहिनः ॥

अर्थ -आयुष्य, (नियत) कर्म, विद्या (की शाखा), वित्त (की मर्यादा), और मृत्यु, ये पाँच देही के गर्भ में हि निश्चित हो जाते हैं।

आरोग्य बुद्धि विनयोद्यम शास्त्ररागाः ।आभ्यन्तराः पठन सिद्धिकराः भवन्ति ॥

अर्थ - आरोग्य, बुद्धि, विनय, उद्यम, और शास्त्र के प्रति राग (आत्यंतिक प्रेम) - ये पाँच पठन के लिए आवश्यक आंतरिक गुण हैं।

आचार्य पुस्तक निवास सहाय वासो ।बाह्या इमे पठन पञ्चगुणा नराणाम् ॥

अर्थ - आचार्य, पुस्तक, निवास, मित्र, और वस्त्र - ये पाँच पठन के लिए आवश्यक बाह्य गुण हैं।

दानानां च समस्तानां चत्वार्येतानि भूतले ।श्रेष्ठानि कन्यागोभूमिविद्या दानानि सर्वदा ॥

अर्थ - सब दानों में कन्यादान, गोदान, भूमिदान, और विद्यादान सर्वश्रेष्ठ है।

तैलाद्रक्षेत् जलाद्रक्षेत् रक्षेत् शिथिल बंधनात् ।मूर्खहस्ते न दातव्यमेवं वदति पुस्तकम्॥

अर्थ - पुस्तक कहता है कि, तैल से मेरी रक्षा करो, जल से रक्षा करो, मेरा बंधन शिथिल न होने दो, और मूर्ख के हाथ में मुझे न दो।

दानं प्रियवाक्सहितं ज्ञानमगर्व क्षमान्वितं शौर्यम् ।वित्तं दानसमेतं दुर्लभमेतत् चतुष्टयम् ॥

अर्थ - प्रिय वचन से दिया हुआ दान, गर्वरहित ज्ञान, क्षमायुक्त शौर्य, और दान की इच्छावाला धन - ये चार दुर्लभ है।

अव्याकरणमधीतं भिन्नद्रोण्या तरंगिणी तरणम् ।भेषजमपथ्यसहितं त्रयमिदमकृतं वरं न कृतम् ॥

अर्थ - व्याकरण छोड़कर किया हुआ अध्ययन, टूटी हुई नौका से नदी पार करना, और अयोग्य आहार के साथ लिया हुआ औषध - ये ऐसे करने के बजाय तो न करने हि बेहतर है।

यथा काष्ठमयो हस्ती यथा चर्ममयो मृगः ।तथा वेदं विना विप्रः त्रयस्ते नामधारकाः ॥

अर्थ -लकडे का हाथी, और चमडे से आवृत्त मृग की तरह वेदाध्ययन न किया हुआ ब्राह्मण भी केवल नामधारी हि है।

गुरुशुश्रूषया विद्या पुष्कलेन धनेन वा ।अथवा विद्यया विद्या चतुर्थी नोपलभ्यते ॥

अर्थ -गुरु की सेवा करके, अत्याधिक धन देकर, या विद्या के बदले में हि विद्या पायी जा सकती है; विद्या पानेका कोई चौथा उपाय नहि।

विद्याभ्यास स्तपो ज्ञानमिन्द्रियाणां च संयमः ।अहिंसा गुरुसेवा च निःश्रेयसकरं परम् ॥

अर्थ -विद्याभ्यास, तप, ज्ञान, इंद्रिय-संयम, अहिंसा और गुरुसेवा - ये परम् कल्याणकारक हैं।

पठतो नास्ति मूर्खत्वं अपनो नास्ति पातकम् ।मौनिनः कलहो नास्ति न भयं चास्ति जाग्रतः ॥

अर्थ -पढनेवाले को मूर्खत्व नहि आता; जपनेवाले को पातक नहि लगता; मौन रहनेवाले का झघडा नहि होता; और जागृत रहनेवाले को भय नहि होता।

नीति श्लोक

लुब्धमर्थेन गृह्णीयात्स्तब्धमञ्जलिकर्मणा। मूर्खश्छन्दानुरोधेन यथार्थवादेन पण्डितम्॥

- **भावार्थ** :लालची को धन देकर, अहंकारी को हाथ जोड़कर, मुर्ख को उपदेश देकर तथा पण्डित को यथार्थ बात बताकर वश में करना चाहिए।

कुराजराज्येन कृतः प्रजासुखं कुमित्रमित्रेण कुतोऽभिनिवृत्तिः।

कुदारदारैश्च कुतो गृहे रतिः कृशिष्यमध्यापयतः कुतो यशः॥

- **भावार्थ** :दुष्ट राजा के राज्य में प्रजा सुखी कैसे रह सकती है ! दुष्ट मित्र से आन्दन कैसे मिल सकता है ! दुष्ट पत्नी से घर में सुख कैसे हो सकता है ! तथा दुष्ट - मूर्ख शिष्य को पढ़ाने से यश कैसे मिल सकता है !

भगवत गीता श्लोक

यो न हृष्यति न द्वेष्टि न शोचति न काङ्क्षति। शुभाशुभपरित्यागी भक्तिमान्यः स मे प्रियः॥12.17॥

- **भावार्थ** :जो न कभी हर्षित होता है, न द्वेष करता है, न शोक करता है, न कामना करता है तथा जो शुभ और अशुभ सम्पूर्ण कर्मों का त्यागी है- वह भक्तियुक्त पुरुष मुझको प्रिय है।

न हि कश्चित्क्षणमपि जातु तिष्ठत्यकर्मकृत्। कार्यते ह्यवशः कर्म सर्वः प्रकृतिजैर्गुणैः॥3.5॥

- **भावार्थ** :निःसंदेह कोई भी मनुष्य किसी भी काल में क्षणमात्र भी बिना कर्म किए नहीं रहता क्योंकि सारा मनुष्य समुदाय प्रकृति जनित गुणों द्वारा परवश हुआ कर्म करने के लिए बाध्य किया जाता है।

रामायण श्लोक

धर्म-धर्मादर्थः प्रभवति धर्मात्प्रभवते सुखम्। धर्मेण लभते सर्वं धर्मप्रसारमिदं जगत् ॥

- **भावार्थ** :धर्म से ही धन, सुख तथा सब कुछ प्राप्त होता है। इस संसार में धर्म ही सार वस्तु है।

सत्य -सत्यमेवेश्वरो लोके सत्ये धर्मः सदाश्रितः। सत्यमूलनि सर्वाणि सत्यान्नास्ति परं पदम् ॥

- **भावार्थ** :सत्य ही संसार में ईश्वर है; धर्म भी सत्य के ही आश्रित है; सत्य ही समस्त भव - विभव का मूल है; सत्य से बढ़कर और कुछ नहीं है।

गुरू श्लोक

विद्वत्त्वं दक्षता शीलं सङ्क्रान्तिरनुशीलनम्। शिक्षकस्य गुणाः सप्त सचेतस्त्वं प्रसन्नता ॥

- **भावार्थ :** विद्वत्व, दक्षता, शील, संक्रांति, अनुशीलन, सचेतत्व, और प्रसन्नता - ये सात शिक्षक के गुण हैं

अज्ञान तिमिरान्धस्य ज्ञानाञ्जन शलाकया। चक्षुरुन्मीलितं येन तस्मै श्री गुरवे नमः॥

- **भावार्थ :** जिसने ज्ञानांजनरुप शलाका से, अज्ञानरुप अंधकार से अंध हुए लोगों की आँखें खोली, उन गुरु को नमस्कार।

प्रार्थना संस्कृत श्लोक

सर्व मंगल मांगल्ये शिवे सर्वार्थ साधिके। शरण्ये त्र्म्बकें गौरी नारायणि नमोस्तुते ॥

- **भावार्थ :** जो सभी में श्रेष्ठ है, मंगलमय हैं जो भगवान शिव की अर्धांग्नी हैं जो सभी की इच्छाओं को पूरा करती हैं ऐसी माँ भगवती को नमस्कार करती हूँ।

या देवी स्तुयते नित्यं विबुधैर्वेदपरागै:। सा मे वसतु जिह्वारो ब्रह्मरूपा सरस्वती ॥

- **भावार्थ :** ज्ञान की देवी माँ सरस्वती जिसकी जिव्हा पर सारे श्लोकों का सार है जो बुद्धि की देवी कही जाती है और जो ब्रह्म देव की पत्नी है ऐसी माँ का वास मेरे अन्दर सदैव रहे ऐसी कामना है।

विद्या संस्कृत श्लोक

नास्ति विद्या समं चक्षु नास्ति सत्य समं तपः। नास्ति राग समं दुखं नास्ति त्याग समं सुखं॥

- **भावार्थ :** विद्या के समान आँख नहीं है, सत्य के समान तपस्या नहीं है, आसक्ति के समान दुःख नहीं है और त्याग के समान सुख नहीं है।

गुरु शुश्रूषया विद्या पुष्कलेन् धनेन वा। अथ वा विद्यया विद्या चतुर्था न उपलभ्यते॥

- **भावार्थ :** विद्या गुरु की सेवा से, पर्याप्त धन देने से अथवा विद्या के आदान-प्रदान से प्राप्त होती है। इसके अतिरिक्त विद्या प्राप्त करने का चौथा तरीका नहीं है।

लोकप्रिय श्लोक

आलस्यं हि मनुष्याणां शरीरस्थो महान् रिपुः। नास्त्युद्यमसमो बन्धुः कृत्वा यं नावसीदति।।

- **भावार्थ** :मनुष्य का सबसे बड़ा दुश्मन उसमे बसने वाला आलस्य हैं । मनुष्य का सबसे बड़ा मित्र उसका परिश्रम हैं जो हमेशा उसके साथ रहता हैं इसलिए वह दुखी नहीं रहता ।

यथा ह्येकेन चक्रेण न रथस्य गतिर्भवेत्। एवं परुषकारेण विना दैवं न सिद्ध्यति ॥

- **भावार्थ** :श्लोक-१- तारयेद् वृक्षरोपि तु तस्माद् वृक्षान् प्ररोपयेत्।

तस्य पुत्रा भवन्त्येव पादपा नात्र संशयः।।

भावार्थ- वृक्षारोपण करनेवाला तो उन वृक्षों से तार देता है, क्योंकि यहाँ उसके पुत्र वृक्ष होते ही है, इसमें कोई संदेह नहीं है।

श्लोक-२- दशकूपसमा वापी दशवापीसमा ह्रदः। दशह्रसमः पुत्रों दशपुत्रसमो द्रुमः।।

भावार्थ- दश कुओं के समान एक बावडी होती है, दश बावडियों के समान एक तालाब होता है, दस तालाबों के समान एक पुत्र होता है, और दस पुत्रों के समान एक वृक्ष होता है।

श्लोक-३- कार्यार्थी भजते लोकं यावत्कार्य न सिद्धति ।उत्तीर्णं च परे पारे नौकायां किं प्रयोजनम्।।

भावार्थ- जिस तरह नदी पार करने के बाद लोग नाव को भूल जाते है ठीक उसी तरह से लोग अपने काम पूरा होने तक दूसरो की प्रसंशा करते है और काम पूरा हो जाने के बाद दूसरे व्यक्ति को भूल जाते है।

श्नलोक-४- चोरहार्यं न राजहार्यं न भ्रतृभाज्यं न च भारकारि।

व्यये कृते वर्धति एव नित्यं विद्याधनं सर्वधनप्रधानम्।।

भावार्थ- इसे न ही कोई चोर चुरा सकता है, न ही राजा छीन सकता हैऑ, न ही इसको संभालना मुश्किल है और न ही इसका भाइयो में बंटवारा होता है. यहखर्च करने से बढ़ने वाला धन हमारी विद्या है जो सभी धनो से श्रेष्ठ है।

श्लोक-५- पीतो मरीचिचूर्णन तुलसीपत्रजो रसः ।द्रोणपुष्परसोप्येवं निहन्ति विषमं ज्वरम्।।

भावार्थ- तुलसी का रस विषमज्वर को नष्ट करता है, सूर्य की धूपसुखाए तुलसी के पत्तों से बने चूर्ण का रस और द्रोण पुष्प रस भी इसी प्रकार विषमज्वर को मारता है।

श्लोक-६- अनाहूतः प्रविशति अपृष्टो बहु भाषते ।अविश्वस्ते विश्वसिति मूढचेता नराधमः।।

भावार्थ-किसी जगह पर बिना बुलाये चले जाना, बिना पूछे बहुत अधिक बोलते रहना, जिस चीज या व्यक्ति पर विश्वास नहीं करना चाहिए उस पर विश्वास करना मुर्ख लोगो के लक्षण होते है।

श्लोक-७- आत्मनः प्रतिकूलानि न परेषां न समाचरेत्।।

भावार्थ-अपने प्रतिकूल (विपरीत) व्यवहार को दूसरों के प्रति नहीँ करना चाहिए।

श्लोक-८- न कश्चित् कस्यचिन्मित्रं न कश्चित् कस्यचिद् रिपुः। व्यवहारेण जायन्ते मित्राणि रिपवस्तथा।

भावार्थ-इस संसार में न कोई किसी का मित्र (दोस्त) है, न कोई किसी का शत्रु है। व्यवहार के द्वारा ही मित्र और शत्रु बनते है।

श्लोक-९- यत्र देशोऽथवा स्थाने भोगा भुक्ताः स्ववीर्यतः ।तस्मिन् विभवहीनो यो वसेत् स पुरुषाधमः।।

भावार्थ-जिस देश अथवा स्थान में अपने पराक्रम से सुख-साधन और भोज्य पदार्थ का अभाव हो, उस धनहीन (स्थान में) जो निवास करता है, वह नीच पुरुष है।

श्लोक-१०- यस्तु सञ्चरते देशान् सेवते यस्तु पण्डितान् ।तस्य विस्तारिता बुद्धिस्तैलबिन्दुरिवाम्भसि।।

भावार्थ-वह व्यक्ति जो अलग - अलग जगहों या देशो में घूमता है और विद्वानों की सेवा करता है उसकी बुद्धि उसी तरह से बढती है जैसे तेल का बूंद पानी में गिरने के बाद फैल जाता है।

श्लोक-११- प्रियवाक्य प्रदानेन सर्वे तुष्यन्ति जन्तवः। तस्मात्तदेव वक्तव्यं वचने का दरिद्रता।।

भावार्थ-चाहे पशु पक्षी हो या मानव सभी मधुर वाणी से सन्तुष्ट होते है, इसीलिए व्यक्ति को हमेशा ही प्रिय अर्थात मधुर वचनों का ही प्रयोग करना चाहिए। ऐसे वचन कहने में कंजूसी नहीं करनी चाहिए।

श्लोक-१२- येषां न विद्या न तपो न दानं ज्ञानं न शीलं न गुणो न धर्मः।

ते मर्त्यलोके भुविभारभूता मनुष्यरूपेण मृगाश्चरन्ति।।

भावार्थ- जिन लोगो के पास विद्या, तप, दान, शील, गुण और धर्म नहीं होता. ऐसे लोग इस धरती के लिए भार है और मनुष्य के रूप में जानवर बनकर घूमते है।

श्लोक-१३- आरम्भगुर्वी क्षयिणी क्रमेण, लघ्वी पुरा वृद्धिमती च पश्चात्।

दिनस्य पूर्वार्द्धपरार्द्ध भिन्ना, छायेव मैत्री खलसज्जनानाम्।।

भावार्थ-हमेशा दुष्टों और सज्जनों की मित्रता दिन की छाया की तरह होती है, जिस प्रकार मध्यान्ह से पूर्व की छाया आरम्भ में बडी होती दिखती है, और बाद में क्रमशः कम अर्थात छोटी होती हुई मध्यान्ह में समाप्त हो जाती है, उसी प्रकार दुष्टों की मित्रता आरम्भ में अत्यन्त प्रगाढ और फिर धीरे-धीरे कम होकर समाप्त हो जाती है।

श्लोक-१४- चन्दनं शीतलं लोके, चन्दनादपि चन्द्रमाः ।चन्द्रचन्दनयोर्मध्ये शीतला साधुसंगतिः।।

भावार्थ-इस दुनिया में चन्दन को सबसे अधिक शीतल माना जाता है पर चन्द्रमा चन्दन से भी शीतल होती है लेकिन एक अच्छे दोस्त चन्द्रमा और चन्दन से शीतल होते है।

श्लोक-१५- अयं निजः परो वेति गणना लघु चेतसाम् ।उदारचरितानां तु वसुधैव कुटुम्बकम्।।

भावार्थ-यह मेरा है और यह तेरा है, ऐसी सोच छोटे विचारो वाले लोगो की होती है. इसके विपरीत उदार रहने वाले व्यक्ति के लिए यह पूरी धरती एक परिवार की तरह होता है।

श्लोक-१६- गुणा गुणज्ञेषु गुणा भवन्ति, ते निर्गुणं प्राप्य भवन्ति दोषाः।

आस्वाद्यतोयाः प्रवहन्ति नद्यः, समुद्रमासाद्य भवन्त्यपेया।।

भावार्थ-गुण गुणियों में रहकर ही गुण होते है, निर्गुण को प्राप्त करके वह दोषयुक्त हो जाते है। नदियों के जल तभी तक स्वादिष्ट (पीने योग्य) होते है। गबतक बहते रहते है, समुद्र को प्राप्त करके वे अपेय (न पीने योग्य) हो जाते है।

श्लोक-१७- माता शत्रुः पिता वैरी येन बालो न पाठितः। न शोभते सभामध्ये हंसमध्ये बको यथा।।

भावार्थ-जो माता - पिता अपने बच्चो को पढ़ाते नहीं है ऐसे माँ - बाप बच्चो के शत्रु के समान है. विद्वानों की सभा में अनपढ़ व्यक्ति कभी सम्मान नहीं पा सकता वह वहां हंसो के बीच एक बगुले की तरह होता है।

श्लोक-१८- सुखार्थिनः कुतोविद्या नास्ति विद्यार्थिनः सुखम्।

सुखार्थी वा त्यजेद् विद्यां विद्यार्थी वा त्यजेत् सुखम्।।

भावार्थ-सुख चाहने वाले को विद्या नहीं मिल सकती है वही विद्यार्थी को सुख नहीं मिल सकता. इसलिए सुख चाहने वालो को विद्या का और विद्या चाहने वालो को सुख का त्याग कर देना चाहिए।

श्लोक-१९- यत्रापि कुत्रापि गता भवेयु, हंसा महीमण्डलमण्डनाय।

हानिस्तु तेषां हि सरोवराणां, येषां मरालैः सह विप्रयोग।।

भावार्थ-पृथ्वी की शोभा बढाने के लिए हंस जहां कहीं भी चले गए हों, किसी की कोई हानी नही होती, हानी तो उस तालाब की होती है, हंसो के साथ जिनका वियोग होता है।

श्लोक-२०- क्षणशः कणशश्चैव विद्यां अर्थं च साधयेत् ।क्षणे नष्टे कुतो विद्या कणे नष्टे कुतो धनम्।।

भावार्थ-प्रत्येक क्षण का उपयोग सीखने के लिए और प्रत्येक छोटे से छोटे सिक्के का उपयोग उसे बचाकर रखने के लिए करना चाहिए, क्षण को नष्ट करके विद्याप्राप्ति नहीं की जा सकती और सिक्कों को नष्ट करके धन नहीं प्राप्त किया जा सकता।

श्लोक-२१- अश्वस्य भूषणं वेगो मत्तं स्याद गजभूषणम्। चातुर्य भूषणं नार्या उद्योगो नरभूषणम्॥

भावार्थ-तेज चाल घोड़े का आभूषण है, मत्त चाल हाथी का आभूषण है, चातुर्य नारी का आभूषण है और उद्योग में लगे रहना नर का आभूषण है।

श्लोक-२२- वृत्तं यत्नेन संरक्षेद् वित्तमेति च याति च ।अक्षीणो वित्ततः क्षीणो वृत्ततस्तु हतो हतः।।

भावार्थ-चरित्र को बढे प्रयत्न से सम्भालना चाहिए, धन तो आता है और जाता है। धन के नष्ट होने से कुछ नष्ट नही होता है, चरित्र से नष्ट हुआ तो मर जाता है।

श्लोक-२३- आहारनिद्राभयमैथुनं च सामान्यमेतत् पशुभिर्नराणाम्।

धर्मो हि तेषां अधिकोविशेषो धर्मेण हीनाः पशुभिः समानाः॥

भावार्थ-आहार, निद्रा, भय और मैथुन मनुष्य और पशु दोनों ही के स्वाभाविक आवश्यकताएँ हैं (अर्थात् यदि केवल इन चारों को ध्यान में रखें तो मनुष्य और पशु समान हैं), केवल धर्म ही मनुष्य को पशु से श्रेष्ठ बनाता है। अतः धर्म से हीन मनुष्य पशु के समान ही होता है।

श्लोक-२४- सत्यस्य वचनं श्रेयः सत्यादपि हितं वदेत्। यद्भूतहितमत्यन्तं एतत् सत्यं मतं मम्॥

भावार्थ-यद्यपि सत्य वचन बोलना श्रेयस्कर है तथापि उस सत्य को ही बोलना चाहिए जिससे सर्वजन का कल्याण हो। मेरे (अर्थात् श्लोककर्ता नारद के) विचार से तो जो बात सभी का कल्याण करती है वही सत्य है।

श्लोक-२५- श्रूयतां धर्मसर्वस्वं श्रुत्वा चैवावधार्यताम् ।आत्मनः प्रतिकूलानि परेषां न समाचरेत्।।

भावार्थ-धर्म के सार को सुनो और सुनकर ही धारण करो, अपने विपरीत को दूसरों के साथ व्यवहार मे नहीं लाना चाहिए। अर्थात वैसा आचरण दूसरों के साथ करना चाहिए जिसे आप अपने लिए भी अच्छा समझते हो।

श्लोक-२६- विद्वत्वं च नृपत्वं च नैव तुल्यं कदाचन।स्वदेशे पूज्यते राजा विद्वान सर्वत्र पूज्यते॥

भावार्थ-राजत्व प्राप्ति और विद्वत्व प्राप्ति की किंचित मात्र भी तुलना नहीं हो सकती क्योंकि राजा की पूजा केवल उसके अपने देश में ही होती है जबकि विद्वान की पूजा सर्वत्र (पूरे विश्व में) होती है।

श्लोक-२७- दुर्जनेन समं सख्यं प्रीतिं चापि न कारयेत्।उष्णो दहति चांगारः शीतः कृष्णायते करम॥

भावार्थ-दुर्जन, जो कि कोयले के समान होते हैं, से प्रीति कभी नहीं करना चाहिए क्योंकि कोयला यदि गरम हो तो जला देता है और शीतल होने पर भी अंग को काला कर देता है।

श्लोक-२८- पिबन्ति नद्याः स्वयमेव नाम्भः, स्वयं न खादन्ति फलानि वृक्षा।

नादन्ति सस्यं खलु वारिवाहाः, परोपकाराय सतां विभूतयः।।

भावार्थ-नदियां अपना जल स्वयं ही नहीं पीती है, वृक्ष स्वयं अपने फल नहीं खाते है।बादल अपने द्वारा उगाए गए अन्न को नही खाते है।निश्चित ही सज्जनों की सम्पत्तियां परोपकार के लिए होती है।

श्लोक-२९- शान्तितुल्यं तपो नास्ति तोषान्न परमं सुखम्।नास्ति तृष्णापरो व्याधिर्न च धर्मो दयापरः॥

भावार्थ-शान्ति जैसा कोई तप (यहाँ तप का अर्थ उपलब्धि समझना चाहिए) नहीं है, सन्तोष जैसा कोई सुख नहीं है (कहा भी गया है "संतोषी सदा सुखी), कामना जैसी कोई ब्याधि नहीं है और दया जैसा कोई धर्म नहीं है।

श्लोक-३०- सर्वोपनिषदो गावः दोग्धाः गोपालनन्दनः।पार्थो वत्सः सुधीः भोक्ता दुग्धं गीतामृतं महत्॥

भावार्थ-समस्त उपनिषद गाय हैं, श्री कृष्ण उन गायों के रखवाले हैं, पार्थ (अर्जुन) बछड़ा है जो उनके दूध का पान करता है और गीतामृत ही उनका दूध है। (अर्थात् समस्त उपनिषदों का सार गीता ही है)।

श्लोक-३१- क्षणे क्षणे प्रवर्धते धनाय हिंस्रता खलै, विलोप्यतेऽतिनिर्दयं च जन्तुभिर्मनुष्यता।

विभाजितं जगद्द्विधां निहन्यते च घातकै, रतीव दैन्यंमागतास्ति साधुता मनुष्यता।।

भावार्थ-दुष्टों के द्वारा धन के लिए प्रतिपल हिंसा की भावना बढ रही है, अत्यधिक निर्दयी प्राणियों द्वारा मनुष्यता लुप्त की जा रही है। क्रूर मारने वाले लोगों द्वारा दो विधांए -- साधुता और मनुष्यता मारी जाती हुयी संसार सेअलग की जा रही है।अत्यधिक दैन्यता आ चुकी है।

श्लोक-३२- शतेषु जायते शूरः सहस्त्रेषु च पण्डितः।वक्ता दशसहस्त्रेष दाता भवति वान वा॥

भावार्थ-सौ लोगों में एक शूर पैदा होता है, हजार लोगों में एक पण्डित पैदा होता है, दस हजार लोगों में एक वक्ता पैदा होता है और दाता कोई बिरला ही पैदा होता है।

श्लोक-३२- अन्नदानं परं दानं विद्यादानमतः परम्।अन्नेन क्षणिका तृप्तिः यावज्जीवं च विद्यया॥

भावार्थ-अन्न का दान परम दान है और विद्या का दान भी परम दान दान है किन्तु दान में अन्न प्राप्त करने वाली कुछ क्षणों के लिए ही तृप्ति प्राप्त होती है जबकि दान में विद्या प्राप्त करने वाला (अपनी विद्या से आजीविका कमा कर) जीवनपर्यन्त तृप्ति प्राप्त करता है।

श्लोक-३३- गुणवन्तः क्लिश्यन्ते प्रायेण भवन्ति निर्गुणाः सुखिनः।

बन्धनमायान्ति शुकाः यथेष्टसंचारिणः काकाः॥

भावार्थ-गुणवान को क्लेश भोगना पड़ता है और निर्गुण सुखी रहता है जैसे कि तोता अपनी सुन्दरता के गुण के कारण पिंजरे में डाल दिया जाता है किन्तु कौवा आकाश में स्वच्छन्द विचरण करता है।

श्लोक--३४- नास्ति विद्यासमं चक्षुः नास्ति सत्यसमं तपः।नास्ति रागसमं दुःखं नास्ति त्यागसमं सुखम्॥

भावार्थ-विद्या के समान कोई चक्षु (आँख) नहीं है, सत्य के समान कोई तप नहीं है, राग (वासना, कामना) के समान कोई दुःख नहीं है और त्याग के समान कोई सुख नहीं है।

श्लोक-३५- गर्वाय परपीड़ाय दुर्जस्य धनं बलम्। सज्जनस्य दानाय रक्षणाय च ते सदा॥

भावार्थ-दुर्जन (दुष्ट) का धन और बल गर्व (घमण्ड) तथा दूसरों को पीड़ा पहुँचाना होता है और दान एवं (निर्बलों की) रक्षा करना सज्जन का।

श्लोक-३६- लोभ-क्लिशयन्ते लोभमोहित मुद्रण क्लिश्यन्ते लोभमोहिताः।

भावार्थ- जो लोभ की वजह से मोहित (आकर्षित) हुए हैं वे हमेशा दुःखी होते है।

श्लोक-३७- लोभ-लोभः प्रज्ञानमाहन्ति मुद्रण लोभः प्रज्ञानमाहन्ति।

भावार्थ-जो लोभ (लालच) करता है उसके विवेक का नाश होता है।

श्लोक-३८- लोभ-लोभात् प्रमादात् मुद्रण लोभात् प्रमादात् विश्रम्भात् त्रिभिर्नाशो भवेन्नृणाम्।

भावार्थ-लालच आने से हमेशा व्यक्ति के अन्दर लोभ, प्रमाद और विश्वास - इन तीन कारणों से मनुष्य का नाश होता है।

३९- आपत्तियां मनुष्यता की कसौटी हैं। इन पर खरा उतरे बिना कोई भी व्यक्ति सफल नहीं हो सकता।

40- कष्ट और विपत्ति मनुष्य को शिक्षा देने वाले श्रेष्ठ गुण हैं। जो साहस के साथ उनका सामना करते हैं, वे विजयी होते हैं।

४१- प्रकृति, समय और धैर्य ये तीन हर दर्द की दवा हैं।

४२- जैसे जल द्वारा अग्नि को शांत किया जाता है वैसे ही ज्ञान के द्वारा मन को शांत रखना चाहिये।

४३- जो अपने ऊपर विजय प्राप्त करता है वही सबसे बड़ा विजयी हैं।

४४- वही उन्नति करता है जो स्वयं अपने को उपदेश देता है।

४५- अपने विषय में कुछ कहना प्राय : बहुत कठिन हो जाता है क्योंकि अपने दोष देखना आपको अप्रिय लगता है और उनको अनदेखा करना औरों को ।इसलिए दोषो को मिटाने का प्रयास कीजिए।

४६- जैसे अंधे के लिये जगत अंधकारमय है और आंखों वाले के लिये प्रकाशमय है वैसे ही अज्ञानी के लिये जगत दुखदायक है और ज्ञानी के लिये आनंदमय।

४७- बाधाएं व्यक्ति की परीक्षा होती हैं। उनसे उत्साह बढ़ना चाहिये, मंद नहीं पड़ना चाहिये, गतिशील ही उसे महान बना सकती है।

४८- कष्ट ही तो वह प्रेरक शक्ति है जो मनुष्य को कसौटी पर परखती है और आगे बढाती है। यही उसे धीरवान और शक्तिशाली बनाता है।

४९- जिसके पास न विद्या है, न तप है, न दान है, न ज्ञान है, न शील है, न गुण है और न धर्म है, वे मृत्युलोक पृथ्वी पर भार होते है और मनुष्य रूप तो हैं पर पशु की तरह चरते हैं (वे हमेशा नर्क सा जीवन व्यतीत करते हैं)

५०- मनुष्य कुछ और नहीं, भटका हुआ देवता है। जिसे सथिरता पाना अति आवश्यक है।

५१- ऐसे देश को छोड़ देना चाहिये जहां न आदर है, न जीविका, न मित्र, न परिवार और न ही ज्ञान की आशा। उसे त्यागने मे ही भलाई समझो।

५२- मानव का विश्वास वह पक्षी है जो प्रभात के पूर्व अंधकार में ही प्रकाश का अनुभव करता है और गाने लगता है।

५३- आपका कोई भी काम महत्वहीन हो सकता है पर महत्वपूर्ण यह है कि आप कुछ करें, और जीवन को सफर कर सके।

५४- उड़ने की अपेक्षा जब हम झुकते हैं तब विवेक के अधिक निकट होते हैं। और हमारी स्मरणीय शक्ति का भी विकास होता है।

५५- विश्वास हृदय की वह कलम है जो स्वर्गीय वस्तुओं को चित्रित करती है।

५६- गरीबों के समान विनम्र अमीर और अमीरों के समान उदार गरीब ईश्वर के प्रिय पात्र होते हैं।

५७- जिस प्रकार मैले दर्पण में सूरज का प्रतिबिम्ब नहीं पड़ता उसी प्रकार मलिन अंत : करण में ईश्वर के प्रकाश का पतिबिम्ब नहीं पड़ सकता।

५८- मित्र के मिलने पर पूर्ण सम्मान सहित आदर करो, मित्र के पीठ पीछे प्रशंसा करो और आवश्यकता के समय उसकी मदद अवश्य करो।

५९- जैसे छोटा सा तिनका हवा का सूख बताता है वैसे ही मामूली घटनाएं मनुष्य के हृदय की वृत्ति को बताती हैं।

६०- देश - प्रेम के दो शब्दों के सामंजस्य में वशीकरण मंत्र है, जादू का सम्मिश्रण है। यह वह कसौटी है जिसपर देश भक्तों की परख होती है।

६२- दरिद्र व्यक्ति कुछ वस्तुएं चाहता है, विलासी बहुत सी और लालची सभी वस्तुएं चाहता है।

६३- चंद्रमा अपना प्रकाश संपूर्ण आकाश में फैलाता है परंतु अपना कलंक अपने ही पास रखता है।

६४ - जीवन में कोई भी कार्य असम्भव नही होता है हमारा नजरिया उसे कठिन बना देता है।

तबतक सोचो जब तक कोई हल न निकल जाये और हल अवश्य ही निकलेगा।

(1) **कोऽर्थः पुत्रेण जातेन यो न विद्वान न धार्मिकः ।कथञ्चित्स्वोदरभराः किन्न शूकर शावकाः।।**

अर्थात- उस पुत्र का कोई प्रयोजन नहीं है, जो ज्ञानी न हो, या जिसे विद्या का ज्ञान न हो, और ना ही वह धार्मिक प्रवृत्ति हो। सूवर को बहुत तुच्छ माना जाता है तो क्या उसके बच्चे किसी तरह अपना पेट नही भरते है।

(2) अजराऽमरवत्प्राज्ञो विद्यामर्थञ्च चिन्तयेत् ।गृहीत इव केशेषु मृत्युना धर्ममाचरेत्।।

अर्थात- बुद्धिमान मनुष्य अपने को बुढापा और मृत्यु से रहित समझकर विद्या और धन का उपार्जन करे और मृत्यु मानों सिर पर सवार है ऐसा समझकर धर्म का पालन करता रहे।

(3) अजातमृतमूर्खाणां वरमाद्यौ न चान्तिमः । सकृद् दुखकरावाद्यावन्तिमस्तु पदे पदे।।

अर्थात- या तो बालक उत्पन्न ही न हुआ हो, या उत्पन्न होकर उसी समय मर गया हो, और मूर्ख क्योंकि इनके मरने पर उतना दुख नही होता है। लेकिन अगर मरा भी नही और मूर्ख पैदा हो गया हो तो वह जीवन भर बार-बार दुख देता है।

(4) विद्या ददाति विनयं विनयाद्याति पात्रताम्। पात्रात्वाद्धनमाप्नोति धनाद्धर्मम् ततः सुखम्।।

अर्थात- विद्या से विनय, विनय से योग्यता, योग्यता से धन, धन से धर्म और धर्म से सुख की प्राप्ति होती है।

(5) अनेकसंशयोच्छेदि परोक्षार्थस्य दर्शकम् ।सर्वस्य लोचनं शास्त्रं यस्य नास्त्यन्ध एव सः।।

अर्थात- अनेक संशयो को मिटाने वाला, भूत एवं भविष्य को तथा अप्रत्यक्ष को प्रत्यक्ष के समान दिखानेवाला, शास्त्ररूपी दिव्यचक्षु जिसके पास नहीं है, वह वास्तव में अन्धा है।

(6) यन्नवे भाजने लग्नः, संस्कारो नान्यथा भवेत ।कथाच्छलेन बालानां नीतिस्तदिह कथ्यते।।

अर्थात- जिस कारण मिट्टी के कच्चे पात्र में किया हुआ रेखा आदि कलात्मक संस्कार उसके पकाये जाने पर कभी मिट नहीं सकता इसी कारण कोमल बुद्धिवाले बालकों को अनेक कथाओं के बहाने से नीती वचन बताता हूं।

(7) माता मित्रं पिता चेति स्वभावात् त्रितयं हितम्।कार्यकारणतश्चान्ये भवन्ति हितबुद्धयः॥

अर्थात- माता, पिता और मित्र तीनों ही स्वभावतः ही हमारे हित के लिए सोचते हैं, वे हमारे हित करने के बदले में किसी प्रकार की अपेक्षा नहीं रखते। इन तीनों के सिवाय अन्य लोग यदि हमारे हित की सोचते हैं तो वे उसके बदले में हमसे कुछ न कुछ अपेक्षा भी रखते हैं।

(8) वदनं प्रसादसदनं सदयं हृदयं सुधामुचो वाचः।करणं परोपकरणं येषां केषां न ते वन्द्याः।।

अर्थात- सदैव प्रसन्न-वदन (हँसमुख), हृदय में दया की भावना रखने वाले, अमृत के समान मीठे वचन बोलने वाले तथा परोपकार में लिप्त रहने वाले व्यक्ति भला किसके लिए वन्दनीय नहीं होगा।

(9) दाने तपसि शौर्ये च यस्य न प्रथितं वशः ।विद्यायामर्थलाभे च मातुरूच्चार एव सः।।

अर्थात- जिस पुरुष की कीर्ति दान देने में, तपस्या में, वीरता में, विद्योपार्जन में नहीं फैली वह पुरुष अपनी माता की केवल विष्ठा के समान होता है।

(10) यस्य कस्य प्रसूतोऽपि गुणवान्पूज्यते नरः ।धनुर्वंशविशुद्धोऽपि निर्गुणः किं करिष्यति।।

अर्थात- किसी भी वंश में उत्पन्न मनुष्य यदि गुणी है, तो समाज में उसका सम्मान होता है।जैसे श्रेष्ठ बांस से बने हुए भी गुण रहित धनुष से क्या उपयोग लिया जा सकता है, अर्थात कोई नहीं।

(11) काको कृष्णः पिको कृष्णः को भेदो पिककाकयो।वसन्तकाले संप्राप्ते काको काकः पिको पिकः॥

अर्थात- कोयल भी काले रंग की होती है और कौवा भी काले रंग का ही होता है फिर दोनों में क्या भेद (अन्तर) है? वसन्त ऋतु के आगमन होते ही पता चल जाता है कि कोयल कोयल होती है और कौवा कौवा होता है।

(12) न चौर्यहार्यं न च राजहार्यं न भ्रातृभाज्यं न च भारकारि।

व्यये कृते वर्धत व नित्यं विद्याधनं सर्वधनप्रधानम॥

अर्थात- न तो इसे चोर चुरा सकता है, न ही राजा इसे ले सकता है, न ही भाई इसका बँटवारा कर सकता है और न ही इसका कंधे पर बोझ होता है; इसे खर्च करने पर सदा इसकी वृद्धि होती है, ऐसा विद्याधन सभी धनों में प्रधान है।

(13) देशवंशजनैकोऽपि कायवाक्चेतसां चयै ।येन नोपकृतः पुंसा तस्य जन्म निरर्थकम्।।

अर्थात-जिस किसी पुरुष ने शरीर, वाणी और मन इन तीनों द्वारा अथवा इसमें से किसी एक के द्वारा देश का अथवा अपने वंश का एक भी उपकार यदि न किया तो ऐसे अनुपकारी पुरूष का जन्म लेना ही व्यर्थ है।

(14) पुण्यतीर्थे कृतं येन तपः क्वाप्यतिदुष्करम् ।तस्य पुत्रो भवेद्वश्यः समृद्धो धार्मिकः सुधीः।।

अर्थात- जिस पुरुष ने किसी पुण्यतीर्थ में जाकर अतिकठिन तपस्या की हो तो उसके प्रभाव से उसका पुत्र आज्ञाकारी, धनधान्यादियुक्त, धर्मात्मा एवं इद्वान होता है।

(15) आहारनिद्राभयसन्ततित्वं सामान्यमेतत्पशुभीर्नराणाम्।

ज्ञानं हि तेषामधिकं विशिष्टं ज्ञानेन हीनाः पशुभिः समानाः।।

अर्थात- मनुष्य में और पशुओं में आहार निद्रा, भय और सन्ततित्व ये चाररों गुण समान होते है, किन्तु एक ज्ञान ही ऐसा गुण है जो मनुष्य में विशेष रूप से होता है, इसलिए ज्ञान से रहित मनुष्य पशु के समान हुआ करते।

(16) विद्या मित्रं प्रवासेषु, भार्या मित्रं गृहेषु च ।व्याधितस्यौषधं मित्रं, धर्मो मित्रं मृतस्य च।।

अर्थात- ज्ञान यात्रा में, पत्नी घर में, औषध रोगी का तथा धर्म मृतक का (सबसे बड़ा) मित्र होता है ।

(17) सहसा विदधीत न क्रियामविवेकः परमापदां पदम्।

वृणते हि विमृश्यकारिणं गुणलुब्धाः स्वयमेव संपदः।।

अर्थात-अचानक (आवेश में आ कर बिना सोचे समझे) कोई कार्य नहीं करना चाहिए कर्योंकि विवेकशून्यता सबसे बड़ी विपत्तियों का घर होती है । (इसके विपरीत) जो व्यक्ति सोच -समझकर कार्य करता है ; गुणों से आकृष्ट होने वाली माँ लक्ष्मी स्वयं ही उसका चुनाव कर लेती है।

(18) यौवनं धन सम्पत्तिः प्रभुत्वमअविवेकिता। एकैकमप्यनर्थाय किमु यत्र चतुष्टयम्।।

अर्थात- जवानी, द्रव्यविभव, स्वामित्व और विचार शून्यता इन चारों में स्वतन्त्र एक-एक भी अनर्थ का कारण हो जाता है, जहां चारों एक साथ हो वहां की बात ही क्या है, अर्थात वहां तो अनर्थ होगा ही।

(19) दैवे पुरुषकारे चा स्थितमस्य बलाबलम्। दैवं पुरुषकारेण दुर्लभं ह्युपहन्यते।।

अर्थात- भाग्य और पुरुषार्थ में इसका बलाबल विद्यामान है, पुरुषकार के द्वारा दुर्बल भाग्य पराजित होता है।

(20) समाश्वासनवागेका न दैवं परमार्थतः ।मूर्खाणां सम्प्रदायेऽस्य परिपूजनम्।।

भावार्थ- यह तो केवल आश्वासन देने के लिए कथन मात्र है, कि भाग्य ही सब कुछ है, वस्तुतः भाग्य नाम की कोई वस्तु नहीं है। मूर्खों के समाज में ही केवल एक मात्र भाग्य की पूजा होती है।

(21) उद्यमेन हि सिद्धयन्ति कार्याणि मनोरथैः। नहि सुप्तस्य सिंह प्रविशन्ति मुखै मृगाः।।

अर्थात- केवल मनोरथ से कार्य सफल नहीं होते है, प्रत्युत उद्योग से ही सिद्ध होते है, जैसे सोये हुए सिंह के मुंह में मृग स्वयं नहीं चले जाते उसको भी अन्वेषण करना ही पढता है।

(22) यथा ह्येकेन चक्रेण न रथस्य गतिर्भवेत् ।तथा पुरूषकारेण विना दैवं न सिद्ध्यति।।

अर्थात- जिस प्रकार एक पहिए से रथ नहीं चलता, उसी प्रकार विना पुरूषार्थ किए भाग्य नहीं फलता।

(23) पूर्वजन्मकृतं कर्म तद्दैवमिति कथ्यते ।तस्मात्पुरूषकारेण यत्नं कुर्यादतन्द्रितः।।

अर्थात- पूर्वजन्म के किये हुये कर्म ही भाग्य कहलाते है।इसलिए पुरूष को आलस्य रहित होकर उद्योग करना चाहिए।

(24) न गणस्याग्रतो गच्छेत्सिद्धे कार्य समं फलम ।यदि कार्यविपत्तिः स्यान्मुखरस्तत्र हन्यते।।

'अर्थात- किसी भी समूह का अग्रणी नहीं बनना चाहिए, क्योंकि कार्य सफल हो जाने पर सभी को बराबर लाभ होता है, और यदि कार्य बिगडता है तो अग्रणी ही मारा जाता है।

(25) सम्पदि यस्य न हर्षो विपदि विषादो रणे च धीरत्वम् ।तं भुवनत्रयतिलकं जनयति जननी सुतं विरलं

अर्थात- जिसको सम्पति में न प्रसन्नता होती है, न विपत्ति में दुख होता है, और जो युद्ध में भी धैर्य को नही छोडता है। ऐसे त्रिभुवन के तिलक के समान विरले ही पुत्र को माता जन्म देती है।

(26) षड्दोषाः पुरूषेणेह हातव्या भूतिमिच्छता। निद्रा-तन्द्रा भयं क्रोधं आलस्यं दीर्घसूत्रता।।

अर्थात- इस संसार में अपना कल्याण चाहने वाले पुरूष को निद्रा, ऊंघना, भय, क्रोध, आलस्य और छोटे से कार्य में बहुत समय लगाना इन छः दोषों को त्याग देना चाहिए।

(27) रोग-शोक-परीताप-बन्धन-व्यसनानि च ।आत्मापराधवृक्षाणां फलान्येतानि देहिनाम्।।

अर्थात- रोग, शोक, बन्धन, और अन्य प्रकार की विपत्तियां ये प्राणियों द्वारा किये गये पापापराधरूपी वृक्षों के फल है।

(28) धनानि जीवितञ्चैव परार्थे प्राज्ञ उत्सृजेत् ।सन्निमित्ते वरं त्यागो विनाशे नियते सति।।

अर्थात- विद्वान को चाहिए कि परोपकार के लिए ही अपने धन और प्राणोंश का त्याग करे, धन और जीवन का विनाश जब निश्चित है तब परोपकार आदि अच्छे काम में ही उनका त्याग करना श्रेयस्कार है।

(29) आचार्यस्त्वस्य यां जातिं विधिवद्वेदपारगः ।उत्पादयति सावित्र्या सा सत्या साजरामरा।।

अर्थात- वेदविद आचार्य बालक की जिस जाती को उपनयन आदि संस्कार यथाविधि गायत्री के उपदेश द्वारा बनाता है, संस्कार से नवीन जन्म देता है, वह जाति सत्य, जरारहित और अमर है।

(30) ब्राह्मादिषु विवाहेषु चतुष्र्वेवानुपूर्वशः ।ब्रह्मवर्चस्विनः पुत्रा जायन्ते शिष्टसम्मताः।।

अर्थात- ब्राह्म -दैव-आर्ष और प्रजापत्य इन चारों प्रकार के विवाहों के होने पर ही ब्रह्मतेजस्वी और शिष्ट लोगों के प्रिय पुत्र हुआ करते है।

(31) हीयते हि मतिस्तात हीनैः सह समागमात् ।समैश्चच समतामेति विशिष्टैश्च विशिष्टताम्।।

अर्थात- हे पुत्र नीच व्यक्तियों की संगति करने से बुद्धि क्षीण होती है, अपनी बराबरी के लोगों की संगति से मति समान ही रहती है, एवं विशिष्ट लोगों की संगति से विशिष्टता आदि गुणों को प्राप्त होती है।

(32) रूपसत्वगुणोपेता धनवन्तो बहुश्रुताः ।पर्याप्तभोगा धर्मिष्ठा जीवन्ति च शतं समाः।।

अर्थात- सुन्दर आकृति वाले सत्व और दयादाक्षिण्यादि गुणों से युक्त, धनी, अनेक शास्त्र के अभ्यासी, इच्छानुसार विविध भोगों को भोगने वाले धार्मिक ऐसे पुत्र होते है, और वे सौ वर्ष तक जीवित रहते है।

(33) कंकणस्य तु लोभेन मग्नः पंकेशसुदुस्तरे ।वृद्धव्याघ्रेण सम्प्राप्तः पथिकः स मृतो यथा।।

अर्थात- जिस प्रकार सोने के कंगन के लोभ से वह वृद्ध पथिक गहरे कीचड में फंसकर मर जाता है, और बूढा बाघ उसे खा लेता है।

(34) न संशयमनारूह्य नरो भद्राणि पश्यति ।संशयं पुनरारूह्य यदि जीवति पश्यति।।

अर्थात- मनुष्य अपने को खतरे में डाले बिना विशिष्ट लाभ नहीं प्राप्त कर सकता, यदि खतरे से बच गया तो उस लाभ का सुख वह भोगता ही है।

(35) ईर्ष्या घृणी त्वसंतुष्टः क्रोधनो नित्यशंकितः ।परभाग्योपजीवी च षडेते दुःखभागिनः।।

अर्थात- ईर्ष्या करने वाला, घृणा करने वाला, असन्तोषी, क्रोधी, प्रत्येक विषय में शंकित रहने वाला और दूसरे के भाग्य के सहारे जीने वाला अर्थात पराधीन ये छः प्रकार के मनुष्य सर्वदा दुखी रहते है।

(36) स हि गगनविहारी कल्मषध्वंसकारी, दशशतकरधारी ज्योतिषां मध्यचापि विधुरपि।

विधियोगात् ग्रस्यते राहुणाऽसौ, लिखितमपि ललाटे प्रोज्झितुं कः समर्थः।।

अर्थात- आकाश में विहरण करने वाला, अन्धकार को मिटाने वाला, हजार किरणों वाला, एवं नक्षत्रों के मध्य विचरण करने वाला, वह प्रसिद्ध चन्द्रमा भी भाग्यवशातशराहु द्वारा ग्रसा जाता है, मस्तक में यिनी भाग्य में लिखे हुए लेख को मिटाने में कौन समर्थ हो सकता है?कोई भी नहीं।

(37) न धर्मशास्त्रं पठतीति कारणं, न चापि वेदाध्यनं दुरात्मनः।

स्वभाव एवान्न तथातिरिच्यते, यथा प्रकृत्या मधुरं गवां पयः।।

अर्थात- दुष्ट व्यक्ति के स्वभाव परिवर्तन में धर्मशास्त्र का पढना अथवा वेदाध्ययन कारण नहीं हो सकता, यहां स्वभाव की प्रधानता उसी प्रकार रहती है, जैसे कडुए कसैले आदि अनेक रसयुक्त रूखे घासों के खाने पर भी गाय का दूध स्वभावतः मधुर ही हुआ करता है।

(38), सहसा विद्धीत न क्रियतामविवेकः परमापदां पदम्।

वृणुते हि विमृश्यकारिणंशगुणलुब्धाः स्वयमेव सम्पदः।।

अर्थात- अचानक कोई काम नहीं कर बैठना चाहिए, विचार किए बिना, किया हुआ काम आपत्ति का कारण बनता है। गुणों पर मुग्ध होने वाली सम्पति विचारपूर्वक काम करने वाले को स्वयं जयमाला पहनाती है।

(39) शंकाभिः सर्वमाक्रान्तमन्नं पानं च भूतले ।प्रवृतिः कुत्र कर्तव्या जीवितव्यं कथं नु वा।।

अर्थात- पृथ्वी में भोज्य, पेय पदार्थ शंकाओं से व्याप्त है। ऐसी स्थिति में किसे ग्रहण किया जाए, किसे ग्रहण न किया जाए। यदि सभी पदार्थ छोड दिये जाए तो जीवित कैसे रहेंगे।

(40) लोभात्क्रोधः प्रभवति लोभात्कामः प्रजायते ।लोभान्मोहश्च नाशश्च लोभः पापस्य कारणम्।।

अर्थात- लोभ से क्रोध उत्पन्न होता है, लोभ से विषय भोग आदि कामों में प्रवृति होती है। लोभ से ही मोह और कर्तव्याकर्तव्यरूप बुद्धि का नाश होता है, इसलिए लोभ ही सब पापों का कारण है।

(41) यानि कानी च मित्राणि कर्तव्यानि शतानि च ।पश्य मूषिकमित्रेण कपोताः मुक्तबन्धनाः।।

अर्थात- छोटे हो या बडे, निर्बल हो या या सबल, अधिक से अधिक संख्या में मित्र बना लेना चाहिए। क्योंकि न जाने किसके द्वारा किस समय कैसा काम निकल जाये।

(42) तावद भयस्य भेतव्यं यावद् भयमागतम् ।आगतं तु भयं वीक्ष्य नरः कुर्यादयथोचितम्।।

अर्थात- भय का कारण जब तक उपस्थितशनहीं होता तभी तक उससे डरना चाहिए किन्तु भय को उपस्थित हुआ देखकर मनुष्य जैसा उचितशहो वैसा उसके प्रतिकार का उपायशकरना चाहिए।

(43) अरावप्युचितं कार्यमातिथ्यं गृहमागते छेत्तुः पार्श्वगतां छायां नोप संहरते द्रुमः।।

अर्थात- घर में आये हुए शत्रु का भी उचित सत्कार करना चाहिए। देखो- वृक्ष भी काटने वाले के ऊपर की छाया नहींशहटाता अर्थात उसे काटते समय भी छाया देता है।

(44) सर्वहिंसानिवृत्ता ये नराः सर्वसहाश्च ये ।सर्वस्याश्रयभूताश्च ते नराः स्वर्गगामिनः।।

अर्थात- जो मनुष्य सब प्रकार की हिंसा से निवृत है, जो सब सहन करते है, सभी के आश्रयभूत हैं, वे मनुष्य स्वर्ग में वास करता है।

(45) उपायेन हि यच्छक्यं न तच्छक्यं पराक्रमैः ।श्रृगालेन हतो हस्ती गच्छता पंक्डवत्र्मना।।

अर्थात- जो कार्य उपायों द्वारा हो सकता है। वह कार्य शक्ति द्वारा नहीं हो सकता ।जैसे- सियार कीचड़ के मार्ग से चलते हुए एक हाथी को मार डाला।

(46) एकस्य दुखस्य न यावदन्तं गच्छाम्यहं पारमिवार्णवस्य।

तावद् द्वितीयं समुपस्थितं मे छिद्रेष्वनर्था बहुलीभन्ति।।

अर्थात- समुद्र के पार खी तरह जब तक एक दुख का अन्त होने नहीं पाया कि दूसरा बीच में ही उपस्थित हो जाता है। ठीक ही कहा है कि विपत्ति आने पर उसके साथ-साथ अनेकों विपत्तियां आ पढती है।

(47) यो ध्रुवाणि परित्यज्य अध्रुवाणि निषेवते ।ध्रुवाणि तस्य नश्यन्ति अध्रुवं नष्टमेव हि।।

अर्थात- जो मनुष्य निश्चित वस्तु को त्यागकर अनिश्चित वस्तु के पीछे दौडता है, उसकी निश्चित वस्तु नष्ट हो जाती है और अनिश्चित वस्तु तो पहले ही नष्ट है।

(48) अवश्यमेव भोक्तव्यं कृतं कर्म शुभाशुभम् ।नाभुक्तं क्षीयते कर्म कल्पकोटिशतैरपि।।

अर्थात- किया हुआ शुभ अथवा अशुभ कर्म अवश्य ही भोगना पढता है, करोड कल्प बीत जाने पर भी बिना भोगे कर्म का क्षय नहीं होता है।

(49) अवसश्यम्भाविभावानां प्रतीकारो भवेद्यदि ।प्रतिकुर्य्युर्न किं नूनं नलरामयुधिष्ठिराः।।

अर्थात- और भी अवश्य होने वाले सुखदुखादि को रोकने का यदि कोई उपाय होता तो नल, राम और युधिष्ठिर जैसे चक्रवर्ती राजा लोग उस उपाय को क्यों न करते।

(50) अस्ति चेदिश्वरः कश्चित फलरूप्यन्यकर्मणाम् ।कर्तारं भजते सोऽपि न
     ह्यकर्तुः प्रभर्हि सः।।

अर्थात- प्राणियोआको उनके लिए काम का शुभ अथवा अशुभ फल देने वाला कर्मातिरिक्त यदि कोई ईश्वर मान भी लिया जाए तो वह भी फल देने के समय कर्म करने वाले व्यक्ति की ही अपेक्षा रखता है, जो कर्म नहीं करता उसको फल नहीं देता इसलिए कर्म करना परमावश्यक है।

1) सतां साङ्गो लोके कथमपि हि पुण्येन भवति ॥

    अर्थात- सज्जनों की संगति संसार में सरलता से नहीं मिलती अपितु पूर्व जन्मों के पुण्य से प्राप्त होती है। अतः हमें सदा सज्जनों की संगति ही करनी चाहिए।

(2) भूमिर्माताादितिर्नो जनित्रम् ॥

    अर्थात- यह अखण्ड भूमि हमारे लिए माता और जननी है। हमें जिस प्रकार माता की सेवा करनी चाहिए उसी पकार पृथ्वी का | पालन-पोषण भी करना चाहिए। हमें भूमि, जल और वायु की शुद्धता की रक्षा करनी चाहिए। इस धरती को माता के समान मानते हुए हमें इसका उपयोग करना चाहिए।

(3) गुणिनो दुर्लभा भूमौ गणनिया सुसंसदि ॥

    अर्थात- गुणी लोग पृथ्वी पर दुर्लभ हैं और अच्छी सभा में अंगुली पर गिनने भर के लिए हैं। अतः गुणी जनों का सदा आदर करना चाहिए और हमें भी सदा गुणार्जन का प्रयास करना चाहिए।

(4) अङ्गीकृतं सृकृतिनः परिपालयन्ति ॥

    अर्थात- जो अंगीकार किया है सज्जन लोग उसका पालन करते ही हैं। उनका वचन कभी झूठा नहीं होता। यह सूक्ति प्रसिद्ध है कि रामचन्द्र कभी दो अर्थों वाली बात नहीं बोलते जो बोलते हैं उसका पालन करते हैं। रघुपति रीति सदा चलि आई। प्राण जाहिं पर वचन न जाई।। अतः हमें भी सदा सत्य वचन ही बोलने चाहिए।

(5) किमिव हि मधुराणां मण्डनं नाकृतिनाम् ॥

    अर्थात- सुन्दर आकार वालों पर सभी वस्त्र और सभी आभूषण शोभा देते हैं। शरीर यदि सुन्दर है तो सभी शोभा देता है किन्तु | शरीर के असुन्दर

होने पर कुछ भी शोभा नहीं देता अर्थात् कृत्रिम सौन्दर्य की अपेक्षा प्राकृतिक सौन्दर्य ही अधिक महत्त्वपूर्ण होता है इसलिए हमारी दृष्टि कृत्रिम सौन्दर्य की अपेक्षा प्राकृतिक सौन्दर्य की ओर अधिक होनी चाहिए। उसी के रक्षण और वर्धन के लिए हमें प्रमुख रूप से प्रयास करना चाहिए।

(6) दुःखं विना नैव सुखस्य बोधः ॥

अर्थात- दुःख के बिना सुख का बोध नहीं होता है। सुख के महत्त्व को मनुष्य तभी जानते हैं जब वे स्वयं दुःख का अनुभव कर सुख प्राप्त करते हैं। अतः भाग्य के द्वारा या प्रकृति के द्वारा या माता-पिता के द्वारा प्राप्त सुख के महत्त्व को जानकर हमें उसका उपभोग करना चाहिए।

(7) अपथ्यसेवी भिषजामसाध्यः ॥

अर्थात्- जो मनुष्य अखाद्य वस्तुओं को खाते हैं और अपेय को पीते हैं उनकी चिकित्सा वैद्य भी नहीं कर सकते। अतः हमें खाने-पीने में बहुत ही सावधानी रखनी चाहिए। केवल जिह्वा के स्वाद के लिए ही कुछ भी नहीं खाना चाहिए अपितु शरीर की रक्षा के लिए आवश्यक भोजन का विचार कर ही खाद्य वस्तुओं का उपभोग करना चाहिए।

(8) तन्मे मनः शिवसङ्कल्पमस्तु ॥

अर्थात- मेरा मन शुभ संकल्पों वाला है। हमारे मन में दुर्विचार नहीं आने चाहिए। अच्छा या बुरा विचार सर्वप्रथम मन में ही उत्पन्न होता है उसके बाद वह क्रिया रूप में परिणत होता है। अतः विचारों की शुद्धि परम आवश्यक है।

(9) प्रवर्तते हि विमले हृदि स्वच्छे सरस्वती ॥

अर्थात- पवित्र और स्वच्छ हृदय में सरस्वती का निवास होता है। हम सब सरस्वती के सेवक हैं अतः हमारे हृदय भी बुराइयों से रहित होने चाहिए तभी ज्ञान प्राप्त किया जा सकता है।

(10) सत्ये सर्वं प्रतिष्ठितम् ॥

अर्थात- सत्य पर ही सब कुछ टिका है। सत्य साक्षात ईश्वर का रूप है। असत्य के द्वारा यदि कोई कुछ भी पा लेता है तो वह न तो स्थायी

होता और न ही आत्मिक सन्तोष प्रदान करता है। अतः सत्य का पालन करना ही हमारा परम धर्म है।

(11) मानवं पुत्रवद् वृक्षास्तारयन्ति परत्र च ॥

अर्थात्- पुत्र के समान वृक्ष मनुष्य को इस लोक और परलोक में भी तार देते हैं। कभी-कभी कुपुत्र पुत्रधर्म का पालन नहीं करते हैं किन्तु मनुष्य के द्वारा आरोपित वृक्ष मनुष्य के लिए इस लोक और परलोक दोनों में सुख देता है अतः मनुष्य को वृक्षारोपण करके उनका पालन-पोषण और रक्षण करना चाहिए। हमारे जीवन के लिए इन वृक्षों की अनिवार्यता सभी जानते हैं, ये प्राणवायु छोड़ते हैं। आरोपित किया हुआ वृक्ष प्राणवायु, फल, फूल, काष्ठ और छाया प्रदान करके मनुष्य के लिए पुण्य प्रदान करता है।

(12) एक लक्ष्याः समान धर्मा: ॥

अर्थात- सभी धर्मों का लक्ष्य एक ही है। सभी नत एक ही ईश्वर के पास ले जाते हैं। जैसे किसी भी नौका से नदी पार जाया जा सकता है उसी प्रकार किसी भी मत से ईश्वर प्राप्ति सम्भव है। अतः मेरा धर्म श्रेष्ठ है दूसरे का धर्म हीन है ऐसा भाव कभी भी नहीं होना चाहिए अपितु सभी मतों के प्रति समान रूप से आदर का भाव हमारा परम कर्तव्य है।

(13) जो पुरुष स्नान आदि से पवित्र होकर मेरी पंचमी के दिन भक्तिपूर्वक उपवास करता है तथा तीनों समय मेरीपूजा में संलग्न रहता है, वह सम्पूर्ण यज्ञों का फल पाकर मेरे परम धाम में पगतिष्ठित होता है। नरेश्वर ! अमावस्या और पूर्णिमा-ये दोनों पर्व, दोनों पक्ष की द्वादशी तथा श्रवण-नक्षत्र-ये पांच तिथियां मेरी पंचमी कहलाती हैं। ये मुझे विशेष प्रिय हैं.

भरमत भरमत आइया, पाई मानुष देह ।ऐसो अवसर फिर कहाँ, नामहि जल्दी लेह।।

राजेश बिलंम्ब न कीजिये, भजि लीजे रघुवीर।तन तरकस ते जात है, श्वास सार सों तीर।।

धन यौवन यों जाएगा, जा विधि उड़त कपूर।नारायण गोपाल भज, क्यों चाटे जग धूर।।

श्वास श्वास पै नाम भज, श्वास न विरथा खोय ।न जाने इस श्वास का, आवन होय न होय।।

दुःख दूर कर हमारा, संसार के रचैया।जल्दी से दो सहारा, मझधार में है नैया।।

तुम बिना कोई हमारा, रक्षक नहीं यहाँ पर।ढूँढा जहाँ मै सारा, तुमसे नहीं रखैया।।

दुनिया में खूब देखा, आँखें पसार करके।साथी नहीं हमारा, माँ बाप और भैया।।

सुख के हैं सब सगाती, दुनिया के यार सारे।तेरा ही नाम प्यारा, दुःख दर्द से बचैया।।

दुनिया में फसके हमको, हासिल हुआ न कुछ फल।तेरे बिना हमारा, कोई नहीं सुनैया।।

चारों तरफ से हम पर, गम की घटा है छाई।सुख का करो उजेरा, परकाश के करैया।।

अच्छा बुरा है जैसा, सभी में राम रहता।चेरा है यह तुम्हारा, सुध लेउ सुध लिवैय्या।।

दुःख दूर कर हमारा, संसार के रचैया।जल्दी से दो सहारा, मझधार में है नैया।।

सभी जन मानस से पार्थना है की पुस्तक पढ़कर अपना जीवन सफल बनाये -जय ब्राह्मण देवता की

ॐ भगवते बासुदेवाय नमः:- ॐ नमः शिवाय - ॐ ब्रह्मः देवाय नमः:- ॐ ब्राह्मण देवाय नमः:

* समाप्त *